目 次　　Contents

人間とは何か，さまざまな人間の心のあり方①

① 人間らしさを考える

(1) 人間の特徴……❶＿＿＿＿の容量が大きいので，❷＿＿＿＿＿を使いこなし，深い❸＿＿＿をし，さまざまな❹＿＿＿＿を生みだすことができる

　──これがコンピュータやロボットにも可能なら，「人間らしさ」とは何か？

(2) ＡＩ（人工知能）……レイ・カーツワイルの予測によれば，2045年には❺＿＿＿＿（＝ＡＩが人類の知能をこえる転換点・技術的特異点）をむかえる

　──人間の❻＿＿＿＿をこえる存在が出現すれば，「人間らしさ」の定義はどのようなものになるのだろうか？

② 人間の定義

(1) 倫理学者の❼＿＿＿＿＿＿……「人間」とは個々の人を意味するとともに，「人と人との❽＿＿＿＿」（世間・社会）という意味をもつ

(2) 儒家の❾＿＿＿＿……人間は❻＿＿＿＿を用いて集団で暮らす性質をもつことを指摘，社会の規律である❿＿＿＿の重要性を力説

(3) 古代ギリシアの哲学者⓫＿＿＿＿＿＿……「人間は自然本性的に⓬＿＿＿＿＿的動物」として，社会をつくる特質を重視

(4) 近代の生物学……ヒトの学名を⓭＿＿＿＿＿＿＿＿と命名──ラテン語で「❻＿＿＿＿のある人」という意味

③ 青年期とは

(1) **自我のめざめの時期**──ルソーは「⓮＿＿＿＿＿＿＿＿」と表現

(2) 子どもからおとなへの過渡期──レヴィンは⓯＿＿＿＿＿（**マージナル・マン**）と表現：子どもとおとなの境界に位置する不安定な存在

(3) 身体的成熟だけでなく，心理的成熟や社会性の獲得が進んでいく時期

④ パーソナリティ

(1) **パーソナリティ**（性格）……各人の行動の特徴。遺伝や⓰＿＿＿＿＿の影響のもとで形成。「なりたい自分」に向かって努力する⓱＿＿＿＿も必要

(2) パーソナリティの分析……自己理解・他者理解の助けとなる

　① ⓲＿＿＿＿論……数種類の典型に分け，特徴をとらえようとする

　　──**クレッチマーやユング，シュプランガー**らによる分類

　② ⓳＿＿＿＿論……性格特性の程度によってパーソナリティを把握

　　──**ビッグファイブ理論**……５因子の組みあわせでパーソナリティを把握

⑤ 欲求

(1) ⓴＿＿＿＿＿の**欲求階層説**……㉑＿＿＿＿欲求から㉒＿＿＿＿の欲求までの欠乏欲求と㉓＿＿＿＿の欲求（成長欲求）の５段階に整理

(2)㉔............複数の欲求が同時に発生し，行動の選択ができない

(3)㉕............（フラストレーション）……欲求阻止で心が混乱

　　──→無意識のうちに㉖............がはたらき，一時的な心の安定へ

ステップ　アップ≫

❶ベルクソンは人間を「ホモ・ファーベル」と捉えているが，これに関連して，人間性の特徴を示す次のア〜エの言葉は，A〜Dのどれを表したものか。その組合せとして正しいものを，下の①〜⑧のうちから一つ選べ。

　ア　ホモ・ファーベル　　イ　ホモ・ルーデンス
　ウ　ホモ・サピエンス　　エ　ホモ・レリギオースス

　A　人間は知恵を持ち，理性的な思考力をそなえた存在である。
　B　人間は道具を使って自然に働きかけ，ものを作り出す存在である。
　C　人間は自らを超えるものに目を向け，宗教という文化をもつ存在である。
　D　人間は日常から離れて自由に遊び，そこから文化を作り出す存在である。

　①　ア−A　イ−B　ウ−C　エ−D　　　②　ア−A　イ−C　ウ−B　エ−D
　③　ア−B　イ−D　ウ−A　エ−C　　　④　ア−B　イ−A　ウ−D　エ−C
　⑤　ア−C　イ−B　ウ−D　エ−A　　　⑥　ア−C　イ−D　ウ−B　エ−A
　⑦　ア−D　イ−C　ウ−A　エ−B　　　⑧　ア−D　イ−A　ウ−C　エ−B

（2012センター試験・本試）

❷次のア・イは，マズローが考えた欲求の理論についての説明である。その正誤の組合せとして正しいものを，下の①〜④のうちから一つ選べ。

　ア　他者と関わり親密な関係を築きたいという，愛情と所属の欲求が満たされると，承認（自尊）の欲求が生じるようになる。
　イ　生理的欲求，安全の欲求などの欠乏欲求が満たされると，自己実現の欲求という，より高次の欲求が生じるようになる。

　①　ア　正　イ　正　　②　ア　正　イ　誤　　③　ア　誤　イ　正　　④　ア　誤　イ　誤

（2018センター試験・本試）

❸欲求不満を解消するための適応についての説明として最も適当なものを，次の①〜④のうちから一つ選べ。

　①失敗した試験の結果を分析した上で次回に向けて努力する場合のように，目標達成に向けて筋道を立てて行動することを合理的解決という。
　②テストの点が悪かったことを先生の教え方のせいにする場合のように，自分の行動を正当化しようとすることを退行という。
　③友人とけんかした後でマンガを読むことに没頭する場合のように，空想の世界などに逃げ込んで不安を解消しようとすることを昇華という。
　④失恋した作家が創作活動に集中する場合のように，欲求や感情を社会的に価値があると認められる活動に向け変えることを投射という。

（2021共通テスト・第2日程）

❹レヴィンは青年を「境界人」と表現しているが，その心理的特色について50字以内で説明せよ。

●**エピソード**●「境界人」や「葛藤」の分析で知られるレヴィンは，個人の生活空間（社会環境）が変われば，その行動も大きく変化すると説き，個人と社会の関係を重視する社会心理学の発展に貢献した。

2　さまざまな人間の心のあり方②，自立して生きる主体の形成

■小見出しの問い■

①感情には，どのような役割があるのだろうか。

②私たちは，外界から得る膨大な刺激を，どのように処理しているのだろうか。

③記憶のメカニズムとは，どのようなものだろうか。学習の意味とは，何だろうか。

1　感情，知覚，記憶と学習

(1)**感情**……外界からの刺激や記憶などによって生じる「快−不快現象」

　── 人間を行動へと駆り立てる原動力となる心の反応

　①生物学者**❶**　　　　　　　　　　　　……基本的感情は生存に必要なため，進化の過程を経て生得的にそなわったと説いた

　②イギリスの哲学者**❷**　　　　　　　　　　……道徳的判断は感情に起因し，理性的推論によって導かれるものではないと主張

(2)**❸**　　　　　　　……外界の対象を**知覚**し，それが何かを判断・解釈する過程

　①人間の**感覚**……視覚・聴覚・皮膚感覚・内臓感覚など。膨大な情報を得る

　②脳の機能……感覚から得る大量の情報から不要なものを除去

　　　　　　　　　＝**❹**

(3)**❺**　　　　　　　……感覚から得た情報を保持し，後で利用する機能や過程

　── **短期❺**　　　　　と**長期❺**　　　　　がある

(4)**❻**　　　　　　　……**❺**と深くつながり，経験によって行動が変容すること

　①注目される**❼**　　　　　　　　　（**観察学習**）……周囲の人の行動を観察して記憶し，身体を使ってそれを再現することをくり返すことで自己の行動が変容する

2　認知と道徳性の発達

■小見出しの問い■

道徳性が高まるとは，どういうことだろうか。

(1)スイスの心理学者**❽**　　　　　　　　　　……世界をどのように認識するかは，**❾**　　　　　　に応じて変化すると主張

　①思考の発達……外界を認識する知的な枠組みの変化。身体感覚→言語による把握→**❿**　　　　　的思考→抽象概念を用いる思考へと４段階の変化

　②道徳的な判断の発達……他律的な判断から**⓫**　　　　　　　的な判断へと変化

(2)アメリカの心理学者**⓬**　　　　　　　　　　……道徳判断には３つの普遍的な発達の段階があると主張（①欲求の充足度で善悪を判断→②道徳的慣習に従い行動するレベル→③自律的に判断できるレベル）

3　アイデンティティの確立

■小見出しの問い■

自分らしさとは何だろうか。

(1)アメリカの精神分析学者**⓭**　　　　　　　　　　……**アイデンティティ**（**自我同一性**）の確立を青年期の発達課題とした

　①アイデンティティ確立のための３要件：自己**⓮**　　　　　　　，**⓯**　　　　　　と一貫性，**⓰**

　②**⓱**　　　　　　　　　　の時期……青年期とは，試行錯誤して自分の生き方を探り（役割実験），アイデンティティを確立するために社会的責任や義務が猶予される時期

(2)現代の青年期……**⓲**　　　　　　　　　　による身体的変化が早くおき，高学歴化などで社会人になる時期が遅い

　──**アイデンティティの⓳**　　　　　　　という心理状態がおきやすい

─→社会規範を逸脱した行動にアイデンティティを見いだすこともある(否定的同一性)=**アイデンティティの危機**

(3)**ライフサイクル論**……人間の生涯を段階的な発達とみなす⓭

　　　　　　　　の理論

④ 自己と他者

(1)アメリカの心理学者⓴　　　　　　　　……**知る主体としての自己**

(㉑　　　　　)と**知られる客体としての自己**(㉒　　　　　)が存在。後者は,物質的自己,精神的自己,社会的自己からなると考えた

(2)アメリカの社会心理学者㉓　　　　　　　　……自己の概念は他者とのかかわりのなかで形成。他者は**一般化された他者**(共同体や社会の規範)へと抽象化・一般化

(3)青年期の自立性・社会性の育成……㉔　　　　　　　　が進み,自己主張や反抗的態度をとる㉕　　　　　　　　をむかえる

(4)青年期の他者意識の強まり……**コンプレックス**(劣等感)を抱きやすい

　　─→オーストリアの心理学者㉖　　　　　　は,コンプレックスは何かを達成するための動機となり,人間を成長させる原動力になると指摘

小見出しの問い
他者は,自己形成にどのように影響するのだろうか。

⑤ 生きる意味

(1)精神科医の**神谷美恵子**……㉗　　　　　　　　の必要性を指摘

(2)アウシュヴィッツで極限状態を生き抜いたオーストリアの精神医学者㉘

　　　　　　　　……自分がなすべきことを自覚することで人生の意味が生じる

(3)アメリカの心理学者㉙　　　　　　……よい人生を送るには自分を信頼することが欠かせないとした

小見出しの問い
生きている実感をいだくために,必要なものとは何だろうか。

ステップ　アップ≫

❶青年期における自立についての説明として最も適当なものを,次の①〜④のうちから一つ選べ。

①近代以前の多くの社会では,大人として自立するための通過儀礼が必要とされ,人は青年期を経て子どもから大人になるとされていた。

②近代以前の多くの社会では,大人として自立するための通過儀礼は必要とされず,人は青年期を経ずに子どもから大人になるとされていた。

③青年期の人間が親による保護や監督のもとから離れ,精神的に自立して一個の独立した人格になろうとする過程は,心理的離乳と呼ばれている。

④青年期の人間が親による保護や監督のもとから離れて自立し,子どもと大人のどちらの世界にも帰属しない状態は,心理的離乳と呼ばれている。

(2019センター試験・本試)

❷エリクソンが青年期をモラトリアムの期間と考えたのはなぜだろうか。50字以内で説明せよ。

●**エピソード**● ピアジェには3人の子どもがいた。彼は子どもたちが乳児から幼児へと生育する過程を綿密に観察し,独創的な認知発達理論を提唱した。彼は心理学者であると同時に,よき父親でもあった。

3 チェックポイント①

❶ 人間とは何か，さまざまな人間の心のあり方①

①ＡＩが人類の知能をこえる転換点（技術的特異点）……………………（　　　　　　　　）

②人間は個人であるとともに「人と人との間柄」とみなした倫理学者………（　　　　　　　　）

③社会の規律である礼の重要性を力説した儒家の思想家………………（　　　　　　　　）

④「人間はポリス的動物である」と述べた古代ギリシアの哲学者………（　　　　　　　　）

⑤近代の生物学で「知恵のある人」を意味するヒトの学名のラテン語………（　　　　　　　　）

⑥ルソーが『エミール』のなかで青年期を表現したことば………………（　　　　　　　　）

⑦青年を「マージナル・マン」と表現したドイツ出身の心理学者…………（　　　　　　　　）

⑧パーソナリティの類型を内向型・外向型に分類したスイスの心理学者…（　　　　　　　　）

⑨パーソナリティの類型を人生の価値観で分類したドイツの哲学者………（　　　　　　　　）

⑩性格特性に注目し，５因子の組合せで性格を把握しようとする理論……（　　　　　　　　）

⑪マズローの欲求階層説で食欲・睡眠欲などにあたる欠乏欲求…………（　　　　　　　　）

⑫マズローの欲求階層説で成長欲求にあたる高次な欲求…………………（　　　　　　　　）

⑬複数の欲求が同時におこり，行動の選択ができない状態………………（　　　　　　　　）

⑭欲求が阻止されて心が混乱する状態………………………………………（　　　　　　　　）

⑮⑭を衝動的に解決しようとする反応………………………………………（　　　　　　　　）

⑯⑭に陥った場合，無意識のうちに心を安定させるはたらき……………（　　　　　　　　）

❷ さまざまな人間の心のあり方②，自立して生きる主体の形成

⑰対象を知覚し，理解し，記憶するといった心のはたらきやその過程……（　　　　　　　　）

⑱他者の行動を観察・記憶し，身体を使ってそれを再現する学習のこと…（　　　　　　　　）

⑲思考の発達とは，外界を認識する知的枠組みの変化と考えた心理学者…（　　　　　　　　）

⑳道徳判断には文化をこえて普遍的な発達段階があると考えた心理学者…（　　　　　　　　）

㉑青年期の課題はアイデンティティの確立にあると考えた精神分析学者…（　　　　　　　　）

㉒㉑が乳児期に達成すべき発達課題と指摘したもの………………………（　　　　　　　　）

㉓青年期において試行錯誤をくり返し，自分の生き方をさぐること………（　　　　　　　　）

㉔アイデンティティ確立のため，社会的な義務や責任が猶予されること…（　　　　　　　　）

㉕性ホルモンの影響によって，青年期に現れてくる男女の性的特徴………（　　　　　　　　）

㉖自分らしさをどのように発揮すべきか自覚できない青年期の心理状態…（　　　　　　　　）

㉗社会の規範から逸脱した行動をとることにアイデンティティを見いだそうとすること

　　　　　　………………………………………………………………………（　　　　　　　　）

㉘人生を８段階に区分し，その発達課題を提示した㉑の考え方……………（　　　　　　　　）

㉙自分を知る主体「Ｉ」と知られる客体「me」に分析した心理学者…………（　　　　　　　　）

㉚自己意識を育む重要な他者は一般化された他者になると説いた哲学者…（　　　　　　　　）

㉛親の管理を離れ，自分の意志で決定して自立をめざす青年期の心理……（　　　　　　　　）

㉜おとな世代の価値観に反抗的な態度をとったりする青年期の特徴………（　　　　　　　　）

㉝コンプレックスは人間を成長させる原動力であると考えた心理学者……（　　　　　　　　）

㉞ハンセン病患者の診療体験から生きがいの重要性を説いた精神科医……（　　　　　　　　）

㉟強制収容所の過酷な体験から，人間の生きる意味を説いた精神医学者…（　　　　　　　　）

㊱よく生きるためには自分への信頼が不可欠であると指摘した心理学者…（　　　　　　　　）

◆4 総合問題①

1 高校生RとWが交わした次の会話を読み，下の問いに答えよ。

R：次の授業は英語。ネイティブの先生だなんてグローバル化の時代だね。

W：先生は日本語が苦手だけど，もっと日本語を学んでほしいな。

R：日本にいるなら日本語を話せっていうのは外国から来た人には酷だよ。

W：使い慣れた母語を使えずに外国で暮らすのに ①葛藤はあるだろうけど，日本で生活するなら日本語を身に付けないと。それが先生のためにもなるよ。

R：それだったら，私たちが英語を習得すればいいんじゃない？私は留学して先端医療を研究するのが夢なんだ。世界で活躍するためには共通の言語として英語が必要だし，みんなが英語を習得すれば便利じゃない？言語はまず ②コミュニケーションのための道具として必要でしょ？

W：だけど，言語をただ道具のように扱うのは ③不満だなぁ。　　　（2021共通テスト・第2日程・改題）

問1　下線部①に関連して，次のア・イは，レヴィンによる葛藤の分類に従って，葛藤の実例を記述したものである。ア・イと葛藤の種類の組合せとして正しいものを，下の①〜⑥のうちから一つ選べ。

〔思・判・表〕

ア　第一志望の大学には，自分が関心のあることを学べる学部があるのだけれど，遠隔地にあって通学が大変になるので受験しようか悩んでいる。

イ　買い物に付き合ってほしいと友人に頼まれた。興味がないことに付き合わされるのは嫌だが，断って友人との関係を悪くしたくないと悩んでいる。

① ア　接近−接近　イ　接近−回避　　　② ア　接近−接近　イ　回避−回避

③ ア　接近−回避　イ　接近−接近　　　④ ア　接近−回避　イ　回避−回避

⑤ ア　回避−回避　イ　接近−接近　　　⑥ ア　回避−回避　イ　接近−回避

（2021共通テスト・第2日程）

問2　下線部②に関連して，次のア・イは，他者との関わりやコミュニケーションに関して考えた思想家についての説明であるが，それぞれ誰のことか。その組合せとして正しいものを，下の①〜⑥のうちから一つ選べ。〔知・技〕

ア　様々な立場にある具体的な他者との関わりの中で，次第に「一般化された他者」の視点を身に付け内面化していくことを通じて，人間の社会的自我が形成されると考えた。

イ　自己は単独に存在するのではなく，他人という鏡の中に像として映し出されることによって明確になっていく存在であると考えた。

① ア　G・H・ミード　イ　ジェームズ　　　② ア　G・H・ミード　イ　クーリー

③ ア　ジェームズ　　　イ　G・H・ミード　④ ア　ジェームズ　　　イ　クーリー

⑤ ア　クーリー　　　　イ　G・H・ミード　⑥ ア　クーリー　　　　イ　ジェームズ

（2021共通テスト・第2日程・改題）

問3　下線部③に関連して，防衛機制の種類とその説明として最も適当なものを，次の①〜④のうちから一つ選べ。〔思・判・表〕

①抑圧：自身で認め難い自らの観念や欲求が，自分には無いかのように思い込んでいること

②投影：身近な他者が抱いている欲求を，あたかも自分自身のものとして映しだすこと

③代償：攻撃性や性的な欲求を，社会的に価値ある活動への欲求に転化すること

④合理化：合理的な判断によって，適切な問題解決に向けて自分自身を導いていくこと

（2010センター試験・本試）

5　哲学の形成，哲学の確立①

①哲学が古代ギリシアにおいて形成されるには，どのような背景があったのだろうか。
②初期の哲学者たちの探究のしかたには，どのような特色があったのだろうか。

1　ものごとの根源の探究，ロゴスにかなった説明を求めて

(1)「哲学」……❶_____を愛すること
　　　　　　　　ギリシア語で❷_____

(2)**ポリス**……古代ギリシア市民の自由な小規模の共同体
　──→異文化との交流で新しい文化や知識活動を創造

(3)神話的世界理解……神話的な物語(❸_____)によって宇宙の生誕や人間の生き方について説明

❹_____	『イリアス』『オデュッセイア』
❺_____	『神統記』

　オリエントの学問・文化との交流を通して，自然の全体について**理**(❻_____)にかなった説明を試みる❼_____が盛んに

(4)自然哲学者たち

❽_____	万物の**根本的な原理**(❾_____)は**水**
❿_____	万物は流転する
⓫_____	宇宙に数的な関係にもとづいた調和が実現
⓬_____	「あるものはあり，あらぬものはあらぬ」として，変化や生成消滅を否定
⓭_____	世界が４つの元素(火・土・水・空気)から構成され変化する
デモクリトス	宇宙は⓮_____(アトム)と空虚から構成

①ソフィストとは，どのような人々であり，何を教えると約束したのだろうか。
②プロタゴラスが主張した相対主義とは，どのような考え方だろうか。

2　徳の教師ソフィスト，相対主義

(1)アテネの発展(紀元前5世紀頃)……⓯_____という政治体制がその原動力──→人を説得する技術としての⓰_____を重視

(2)⓱_____……**徳**(⓲_____)を教える職業的教師

①「万物の尺度は人間である」=「正しさ」(真理)は人それぞれ異なる
　　……⓱の1人である⓳_____のことば
　　　──→⓴_____**主義**(道徳や価値の相対性への気づき)

②哲学の対象が，自然本来的なもの(㉑_____)から，社会制度などの人為的な約束ごと(㉒_____)へと変化

ソクラテスは，なぜ人々と対話したのだろうか。「無知の知」とよばれるのは，どのような知だろうか。

3　無知の知

●**ソクラテス**の登場……⓴主義的な見方の⓱とは異なる

(1)**デルフォイの神託**……「ソクラテス以上の知者はいない」
　↓ソクラテスは当時「知者」と思われていた人々と対話

(2)ソクラテスは「㉓_____」(よく，美しく生きること)につ

いて無知であることを知っている＝❷

—→ 本当の❶　　　　　を求める営みへ

....

④ 魂への配慮，ソクラテスの死が問うもの

(1)**対話**……真理を引き出す方法＝助産術。のちに㉕　　　　　**法**とよばれる

　↓ソクラテスが対話活動を通じてアテネ市民に語りかけたこと

(2)**魂への配慮**……「自分自身の魂がすぐれたものになるように配慮せよ」

(3)**徳は❶　　　　である**……徳は正しいことを知ることで得ることができる

　↓ソクラテスの活動は神を冒瀆し，青年を堕落させるとみなされる

(4)**ソクラテスの死**……「たんに生きることではなく，よく生きることこそ大切である」

小見出しの問い

①ソクラテスは，どのように対話したのだろうか。なぜ，魂を配慮するように求めたのだろうか。

②ソクラテスにとって，長く生きることよりも大切なことは何だったのだろうか。

ステップ アップ ≫

■ 教科書p.19「📖 初期のギリシア哲学者のことば」を読み，それぞれの哲学者は，世界のあり方をどのようなことばで説明しているか，考えよう。

② 教科書p.23「📖 ソクラテスのことば」を読み，ソクラテスは，アテネの市民に何を訴えようとしたのか，考えよう。

③ ソフィストに関する記述として適当でないものを，次の①〜④のうちから一つ選べ。

①謝礼金をとる職業的教師として，青年たちに弁論術や一般教養を教えた。

②社会制度や法律の由来をノモスとピュシスの対比によって説明した。

③相手との論争に打ち勝つことを目的とし，詭弁を用いるようになった。

④原子が虚空の中を運動し結合することで万物が形成されると考えた。　（2007センター試験・追試）

④ ソクラテスに関する記述として最も適当なものを，次の①〜④のうちから一つ選べ。

①デルフォイの神託がソクラテス以上の知者はいないと告げたことを誇りとし，問答によって人々に真理そのものを説いた。

②神霊（ダイモン）を導入して青年たちを新しい宗教に引き込み，彼らを堕落させたと告発され，アテネを追放された。

③自らを「無知の知」に基づく知者と公言し，アテネにアカデメイアという学校を創設し，多くの弟子たちを教えた。

④「汝自身を知れ」というデルフォイ神殿の標語のもとに，問答法によって人々とともに知の探究に努めた。

（2004センター試験・本試）

⑤ ソクラテスが自らに下された死刑判決を不当としながらも，それに従って刑を受け入れた理由を，50字以内で説明せよ。

●**エピソード**● ソクラテスが死刑判決を受けた際，刑が執行されるまで1か月以上猶予があった。この間に友人や弟子たちが亡命を勧めにきたが，ソクラテスは信念を曲げず，最終的に毒の入った盃を仰いで死を迎えた。

6 哲学の確立②

■小見出しの問い■
イデア論とは，どのような考え方だろうか。

....
....
....
....
....
....
....
....

1 イデア論の確立

●**プラトン**……ソクラテスの弟子。ソクラテスの刑死に衝撃を受け，政治と哲学の関係性を見直し，思索を深めた

ソクラテス	「正義」「勇気」など重要な倫理的価値について，それが「何であるか」を徹底的に追究
プラトン	「〜とは何であるか」の問いに答えられるような何かが存在すると考え，それを「まさに〜であるもの」という形で表現

(1)❶　　　　　　　　　　……厳密な知識の対象となりうる**真の実在**のこと
　現実世界：不完全な事物の集まり
　　感覚を通じて出会う個々の事象が不完全なものであっても，私たちは❷
　　　　　によってその真のあり方を理解している
　人はその❶　　　　　　　を知ることでそれぞれの真実のあり方をとらえる

■小見出しの問い■
①なぜ，現実の人々の姿は洞窟内の囚人にたとえられるのだろうか。洞窟の外の太陽にたとえられる善のイデアとは何だろうか。
②イデアは，どのようにして知られるのだろうか。

....
....
....
....
....
....

2 洞窟の比喩と善のイデア，エロースと想起

(1)❸　　　　　　　の比喩……感覚を通じて出会う対象はイデアの似姿にすぎないが，多くの人々はそれを真の姿だと思い込んでいるとして，そうした人間の姿を❸　　　　　のなかの囚人の姿にたとえた
　↓❸　　　　　　から出て真実在そのものを見るべき
(2)**太陽の比喩**……❹　　　　　のイデアが個々のイデアを照らしだす
　↓イデアと❹　　　　のイデアを学ぶために必要なこと
(3)❺　　　　**全体の向けかえ**……ものの見方の基本的な方向を変えること
(4)❻　　　　　　　　　　……かつて魂が存在していたイデア界に対して恋いこがれる人間の心
(5)**想起説**……真理を学ぶことですでに知っているイデアを想い起こす(❼
　　　　　　　　　　　　　　　　)

■小見出しの問い■
①プラトンは，なぜ国家のあり方を問題としたのだろうか。魂と国家は，どのように構成されると考えたのだろうか。
②なぜ，国家を指導する統治者は哲学者でなければならないのだろうか。

....
....
....
....

3 魂と国家，哲人政治の思想

(1)**四元徳**……❽　　　　　　　　，勇気，節制，❾
　──ギリシア人の生き方の基本となる徳

❾　　　　　　　　❾　　　　　　　❿　　　　　　　
　　　　　　　　　　　　　　　　　⓫　　　　　　　

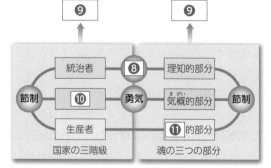

国家の三階級	魂の三つの部分
統治者　❽　理知的部分	
節制　❿　勇気　気概的部分　節制	
生産者　⓫的部分	

(2)理想国家実現の条件……⓬　　　　　　　　　　　　
　理想的国家の実現のため，真理（イデア）に目を開かれた哲学者が権力の座に

つくか，権力を有する人々が哲学をする必要がある

(3)学園⓭＿＿＿＿＿＿＿＿＿を開き，イデア論をもとに世界のあり
方と人間の生き方を統一的に理解しようとする哲学の研究と教育をおこなう

ステップ アップ≫

❶教科書p.26「📖 プラトンの国家」を読み，プラトンの言う「善」とはどのようなものか，考えよう。

❷教科書p.27「📖 魂の三部分説」を読み，プラトンは，魂のそれぞれの部分と4つの徳との関係をどのように考えたのか，考えよう。

❸プラトンについての記述として最も適当なものを，次の①〜④のうちから一つ選べ。

①イデアの認識を確実にするのは，理性ではなく，憧れという欲求であると説き，イデアへの憧れに衝き動かされた魂を，翼を持った一組の馬と御者が天上に飛翔する姿になぞらえた。

②この世に生まれる前は無知であった人間の魂が，この世に肉体を持って生まれてきた後，感覚に頼ることでイデアを完全に知ることができるようになると論じた。

③感覚的次元に囚われた魂を，暗闇の中で壁に映し出された影を真実と思い込む洞窟内の囚人の姿になぞらえ，感覚的世界からイデアへと魂を向け変える必要があると説いた。

④理想国家のあり方を，理性と欲望が調和した魂の姿と類比的に論じ，そのような国家では，全ての人が哲学を学び優れた市民となることで，統治する者とされる者の関係が消滅すると述べた。

(2020センター試験・本試)

❹プラトンは，魂の三部分の関係に基づいて国家のあり方を説明した。彼の国家についての思想として最も適当なものを，次の①〜④のうちから一つ選べ。

①一人の王の統治は，知恵を愛する王による統治であっても，つねに独裁制に陥る危険を孕（はら）んでいる。それゆえ防衛者階級も生産者階級も知恵・勇気・節制を身につけ，民主的に政治を行う共和制において正義が実現する。

②統治者階級は，知恵を身につけ，防衛者階級を支配し，防衛者階級は，勇気を身につけ，生産者階級を支配する。さらに生産者階級が防衛者階級に従い節制を身につけたとき，国家の三部分に調和が生まれ，正義が実現する。

③知恵を愛する者が王になることも，王が知恵を愛するようになることも，いずれも現実的には難しい。知恵を愛する者が，防衛者階級と生産者階級とを統治するとき，正義が実現する。

④知恵を身につけた統治者階級が，防衛者階級に対しては臆病と無謀を避け勇気を身につけるよう習慣づけ，生産者階級に対しては放縦と鈍感を避け節制を身につけるよう習慣づける。このようなときに正義が実現する。

(2005センター試験・本試・改題)

❺アナムネーシス（想起）について，50字以内で説明せよ。

●エピソード● プラトンの対話篇に，酒宴の出席者が順番にエロースを賛美する演説をおこなうという構成の『饗宴』がある。
『饗宴』と訳されるギリシア語「シュンポシオン」は「一緒に飲む」の意味で，シンポジウムの語源となった。

7 哲学の確立③，ギリシア思想の展開

小見出しの問い

①アリストテレスは，なぜプラトンのイデア論を批判したのだろうか。

②事物のあり方を理解するためには，なぜ４つの原因を理解する必要があるのだろうか。

③可能態と現実態という概念と目的論という考え方は，どのように関係するのだろうか。

1 イデア論批判，四原因説，可能態と現実態

(1)❶ ……プラトンのアカデメイアで学ぶ

──後にプラトンの哲学を批判：プラトンの知を対象とした❷ は，感覚される現実の事象とどのように関係するのか説明できない

(2)事物のあり方を説明する要素──本質である❸ （エイドス）
　　　　　　　　　　　　　　　└素材である❹ （ヒュレー）

　例：家は木材やレンガなどの材料である❹ に，家の形や機能である❸ があたえられることによって成立

(3)❺ 説……事物の生成変化を４つの原因から説明

❹ 因	生成変化の原因となる素材・材料	例：木材
❸ 因	生成変化を生み出す本質	例：設計図
始動因	生成変化を生み出す力	例：建築する人
目的因	生成変化の原因となる目的	例：家

(4)事物の生成や変化……❹ のうちに可能性(❻)として潜在する❸ や目的が実現すること(❼)

　例：植物の種子が樹木となり果実を実らせること──種子が可能性としてもっていた樹木や果実の❸ が実現すること

──❽ 観……自然がある目的に向かって生成変化するという見方

小見出しの問い

徳を中心とした倫理とは，どのようなものだろうか。なぜ，中庸を選択すべきなのだろうか。

2 徳の倫理

(1)人間の幸福の実現……徳に従って活動することによって実現

徳──❾ 的徳……思考にかかわる徳。知恵や**思慮(フロネーシス)**
　└❿ 的徳……人柄・性格(エートス)にかかわる徳
　　　　　　　　　⓫ ，節制

(2)人間の幸福……観想の生活に見いだせる

観想(⓬)＝理性に従い純粋に真理を求める

(3)正しい行為……欲求や感情のあり方を制御する必要

⓭ **(メソテース)**を選択するような人柄・性格を身につける必要

──過度や不足という両極端を避け，思慮に従って適切な中間を選択

例：無謀と臆病の⓭ ＝⓫

小見出しの問い

共同体にとって，正義と友愛はなぜ重要なのだろうか。

3 正義と友愛

(1)「人間は自然本性的に⓮ 的動物である」……社会関係にかかわる徳である**正義**と人々の間の⓯ **(フィリア)**を重視

(2)正義──法律に従う「⓰ 的正義」
　　　└平等が実現している「部分的正義」
　　　　　├⓱ 的正義：各人の功績に比例した配分
　　　　　└⓲ 的正義：利害得失を均等にすること

4 エピクロス派，ストア派，新プラトン主義

(1)ヘレニズムの時代——→東西文化の交流，ポリスの崩壊

(2)**エピクロス派**……⑲　　　　**主義**（創始者：**エピクロス**）

　——→最大の⑲　　　　は，「精神の動揺のない状態」（⑳

　　　　　　　　　）とした

(3)㉑　　　　　　**派**……**禁欲主義**（創始者：㉒　　　　　　　）

　——→幸福の実現のためには，「情念（パトス）に支配されない状態」（㉓

　　　　　　　　　）の実現が必要とした

　——→㉔　　　　　（**コスモポリテース**）の考え方……国家の枠をこえ
　　　て人類全体の共同体に属する

(4)**懐疑派**……一切の判断を保留することで心の平穏（＝⑳）を得る

(5)㉕　　　　　　　**主義**（創始者：**プロティノス**）……プラトンの哲
　　学をあらためて継承。全世界は万物の究極原因である一者から構成される

小見出しの問い
①エピクロスの説く快楽主義とは，どのような考え方だろうか。
②ストア派にとって，幸福な生き方とはどのようなものだろうか。「世界市民」とは，どのような考え方だろうか。
③新プラトン主義とは，どのような思想だろうか。

<hr>

ステップ　アップ

1 教科書p.29「アリストテレスのことば」を読み，アリストテレスの言う「最善のものの徳」とは，どのようなものか，考えよう。

2 教科書p.33「ヘレニズム期の哲学者のことば」を読み，それぞれの思想家はどのような生き方が望ましいと考えているか，考えよう。

3 アリストテレスの思想に関する記述として最も適当なものを，次の①〜④のうちから一つ選べ。

①互いに異なる国々の習慣や文化を比較して，自国の諸制度に合わせて取り入れる調整的正義を説いている。

②共同体的存在である人間が，社会における役割分担を推進するために必要とされる配分的正義を説いている。

③取引や裁判などにおいて，各人の利害や得失の不均衡を公平になるように是正する調整的正義を説いている。

④理性の徳としての知恵，気概の徳としての勇気，欲望の徳としての節制が均等である配分的正義を説いている。

（2006センター試験・追試）

4 中庸（メソテース）とはどのようなことか，50字以内で説明せよ。

●エピソード● アリストテレスがアテネ郊外に開いたリュケイオンには，ペリパトスとよばれる屋根つきの遊歩道があった。アリストテレスは弟子たちと遊歩道を散歩しながら議論をしたため，ペリパトス派（逍遙学派）ともよばれた。

13

8　ユダヤ教の世界，イエス

小見出しの問い
ユダヤ人たちの信仰は，どのようにつくられたのだろうか。ユダヤ教の教義には，どのような特徴があるのだろうか。

....

....

....

....

1　ユダヤ教の成立

(1)❶　　　　　　　　　　教……キリスト教の母体となった宗教。古代のイスラエル民族がたびたび民族解体の危機を経験するなかで，唯一の人格神❷　　　　　　に対する信仰を形成し，一つの宗教となった

　①紀元前13世紀，❸　　　　　　　　　を通じて❹　　　　　　　　を授かる

　　　❷　　　　　　　　　　　とイスラエルの民との❺

　　　❹　　　　　　　を中心とする掟＝❻　　　　　　　　（トーラー）に従う

　②イスラエルの民……神に選ばれた❼　　　　　　　　として救済と繁栄が約束

(2)❶　　　　　　　教の聖典＝❽

小見出しの問い
ユダヤ人たちは，どのような苦難を受けたのだろうか。預言者たちは，どのような役割をはたしたのだろうか。

....

....

....

....

2　預言者の活動

(1)ダビデ王やソロモン王のもと，イスラエル人の王国は繁栄

　↓イスラエル人は，神と❺　　　　　　　した民としての自覚を失う

(2)❾　　　　　　　　（神のことばを預かって伝える人）の登場

　↓社会と宗教のあり方を批判したが，受け入れられず，王国は分裂・滅亡

　①紀元前6世紀，南のユダ王国の人々が捕虜として連行（❿

　　　　　　　　　　）

　②イスラエル人は救世主（⓫　　　　　　　　）を待望しながら苦難を耐える

(3)⓬　　　　　　派を中心とした⓭　　　　　　　　　の広まり

　──→❻　　　　　　をきびしく守ることによってのみ神から救われる

小見出しの問い
①イエスが人々に伝えた福音とは，どのような教えだったのだろうか。
②イエスは，ユダヤ教の律法主義のどのような点を批判したのだろうか。

....

....

....

....

....

3　イエスの福音，律法主義の批判

(1)『⓮　　　　　　　　　』……イエスの発言と行動を記す

　①30歳の頃に洗礼者ヨハネの洗礼を受けたイエスは，「時は満ち，⓯　　　　　は近づいた」と語り，伝道活動を開始

　②「心の貧しい人々は，幸いである，天の国はその人たちのものである」

　　　＝人々に慰めと希望をあたえる⓰　　　　　（喜ばしい知らせ）

(2)律法主義の批判

　①「医者を必要とするのは，丈夫な人ではなく病人である。私が来たのは，正しい人を招くためではなく，⓱　　　　　　を招くためである」

　　　──→人間の価値を評価し，選別する態度を否定

　②「⓲　　　　　　　は人のためにあるのであって，人が⓲　　　　　のためにあるのではない」──→律法を守ることだけを目的とする⓭　　　　　　を批判

小見出しの問い
①イエスは，誰をどのように愛せと説いたのだろうか。
②イエスの死は，人々にとって，どのような意味をもったのだろうか。

4　愛の教え，イエスの死

(1)イエスが律法のなかで重視した二つの掟

　①「心を尽くし，魂を尽くし，力を尽くし，思いを尽くして，あなたの神である主を愛しなさい」

——→愛の神として人間に無償で無限の愛（⑲　　　　　　　　　）をあたえ

　　　　る。神を信じ，愛すること＝⑳　　　　　　への愛

　　②「隣人を自分のように愛しなさい」

　　　——→どのような人々をも分けへだてなく愛すること＝㉑

　(2)イエスの教え……神の愛のもと人間は平等——→支配者からの反発——→処刑

　(3)イエスの死後……弟子たちは㉒　　　　　　　　教として教団を形成

　　　——→イエスは神が遣わした救世主（㉒　　　　　　　）であり，死後，神

　　　　によって復活したと信じる

ステップアップ

１教科書p.37「■よきサマリア人」を読み，イエスが説こうとしたことはどのようなことか，考えよう。

２ユダヤ教の特徴として最も適当なものを，次の①〜④のうちから一つ選べ。

①律法と預言者の言葉を通じて，超越的神が歴史において自民族に関わり続けていることを確信し，メシアによる救済を待望する。

②全知・全能で唯一絶対である神の子の意志や命令に服従することを教えの中心とし，民族や国家を超えた信仰共同体を形成する。

③狭い意味での宗教というよりも，ユダヤ共同体の生活様式全般であり，父・子・聖霊の一体性を奥義として，人格神を礼拝する。

④律法よりも，人間社会の矛盾に対して神から与えられた預言者の言葉を遵守する生活の方が，救済のためには不可欠であるとする。　　　　　　　　（2006センター試験・追試）

３イエスの活動に関する記述として適当でないものを，次の①〜④のうちから一つ選べ。

①すべての人に平等にそそがれる，神の無条件の愛であるアガペーと，それに基づく積極的な隣人愛を説いた。

②弟子たちとともに町や村を巡り歩き，当時の社会で罪人（つみびと）とされていた人々と交わり，病気の人々を癒（いや）した。

③神の公平と正義が実現される神の国の到来が近いことを，福音（喜ばしい知らせ）として人々に伝えた。

④バプテスマのヨハネとともに活動し，ユダヤ人国家を独立させるべく，ローマ皇帝に対し武力による反乱を企てた。　　　　　　　　（2006センター試験・追試）

４イエスの説く神の国の説明として最も適当なものを，次の①〜④のうちから一つ選べ。

①ローマ帝国による政治的支配を打破し，神から遣わされた救い主によって立てられる国

②神に選ばれた民であるユダヤ人およびキリスト教への改宗者たちが，入ることを約束された国

③自らの罪を悔い改めて，互いに愛し合う人々の間に，精神的な出来事として実現する国

④生前，神から与えられた戒めを守った者が，死後，平安の地として入ることを約束された国

（2011センター試験・本試）

５イエスの説いたアガペーについて，プラトンのいうエロースと比較しながら50字以内で説明せよ。

●エピソード● レオナルド・ダ・ヴィンチの「最後の晩餐」には，イエスが処刑前夜に十二使徒と食卓をともにし，裏切者がいることを指摘したようすが描かれている。

9 キリスト教の発展

①キリスト教を迫害していたパウロは，どのようにしてキリスト教徒となったのだろうか。
②パウロは，何を人々に伝えたのだろうか。キリスト教は，どのようにして世界宗教となったのだろうか。

1 パウロの回心，パウロによる伝道

●**パウロ**……キリスト教のユダヤ人以外の民族（異邦人）への布教に貢献

当初ユダヤ教のパリサイ派に所属──➊＿＿＿＿＿──→キリスト教徒に

(1)パウロの苦悩……深刻な➋＿＿＿＿＿

「私は，自分の内には，つまり私の肉には，➌＿＿＿＿＿が住んでいないことを知っています。➌＿＿＿＿＿をなそうという意志はあっても，実際にはおこなわないからです」──→ユダヤ教の律法を守ることでは救われなかった

(2)➍＿＿＿＿＿（人間の根源にまで達する罪）＝人間の力では解決できない

①神が人間の➍＿＿＿＿＿をあがなう（➎＿＿＿＿＿）ために，ひとり子➏＿＿＿＿＿を遣わして十字架上で死なせた

②人間は神の子➏＿＿＿＿＿を信じることによって救われる

(3)➐＿＿＿＿＿説……「人が義とされるのは，律法のおこないによるのではなく，信仰による」として，キリスト教の三元徳である（**信仰**・➑＿＿＿＿＿・**愛**）の大切さを説いた

──→パウロの伝道により，キリスト教は**世界宗教**へ

①キリスト教の基本教義とカトリック教会は，どのように成立したのだろうか。
②アウグスティヌスは，神と人間，そして教会の役割について，どのように考えたのだろうか。

2 カトリック教会の成立，アウグスティヌス

(1)キリスト教が**ローマ帝国の国教**に（４世紀末）

──→この間，イエスのことばを伝える『➒＿＿＿＿＿』が編纂

(2)➓＿＿＿＿＿……教義を理論的にまとめる

①⓫＿＿＿＿＿の教義……「父なる神」と「子なるイエス」と「聖霊」の三つが実体としては同じであるとする。教会の中心的教義として公認

②⓬＿＿＿＿＿教会……キリスト教の正統な教会として成立

(3)**アウグスティヌス**……後世に大きな影響をあたえた➓＿＿＿＿＿

①「⓭＿＿＿＿＿」……心の内に目を向けることで，ほんとうの自分自身に出会い，さらにその内奥において自分の心をこえる神に出会う

②人間の自由意志を認めつつも，人間の➍＿＿＿＿＿の深さを強調

──→人間は⓮＿＿＿＿＿（神の無償の恵み）によって救われる

③教会……神の愛にもとづく共同体である「⓯＿＿＿＿＿」と現に存在する「地上の国」の間に立って現実の国家を導く存在

①スコラ哲学にとっての重要な問題にトマス・アクィナスは，どのように答えたのだろうか。
②トマス以降，信仰と理性との関係はどのように考えられるようになったのだろうか。

3 スコラ哲学とトマス・アクィナス，スコラ哲学の展開

(1)⓰＿＿＿＿＿哲学……⓬教会が大きな権威を獲得し，哲学の研究とキリスト教の教説の研究が一体となっておこなわれるなかで成立

──→イスラーム世界から伝わった⓱＿＿＿＿＿哲学に代表される理性の立場とキリスト教の信仰との関係が問われる

(2)**トマス・アクィナス**……⓰＿＿＿＿＿哲学の完成者

①哲学による⓲＿＿＿＿＿的説明は⓳＿＿＿＿＿の源である神からの啓示によってはじめて完全なものとなる──→⓳＿＿＿＿＿と⓲＿＿＿＿＿の調和

をはかる

②人間の幸福の実現には，倫理的徳だけでなく，パウロの説いた信仰・**⑧**＿＿＿＿＿＿
＿＿＿・愛という神学的徳が必要と主張

(3)**ウィリアム・オッカム**……普遍に実在性を認める**実在論**に対して，普遍的なものは概念やことばでしかないとする**⑳**＿＿＿＿＿＿論を展開

　　──→神の存在や性質は信仰によって知られるとし，**⑲**＿＿＿＿＿と**⑱**＿＿＿＿＿，神学と哲学を分離する考えを主張

■ステップ　アップ■■

❶教科書p.40「📖アウグスティヌスの「神の国（天の国）」と「地上の国」」を読み，地上の平和の実現と神への信仰は，どのように関係するのか，考えよう。

　┌─────────────────────────────────────┐
　│　　　　　　　　　　　　　　　　　　　　　　　│
　│　　　　　　　　　　　　　　　　　　　　　　　│
　│　　　　　　　　　　　　　　　　　　　　　　　│
　│　　　　　　　　　　　　　　　　　　　　　　　│
　└─────────────────────────────────────┘

❷罪深い人間の救済に関するパウロの義認の教えの説明として正しいものを，次の①〜④のうちから一つ選べ。　┌───┐
　　　　　　　　　　　　　　　　　　　　　　　　　　└───┘

①罪深い人間が義とみなされるのは，イエスの十字架の犠牲に倣（なら）った身体的な苦行によるのみである。

②罪深い人間が義とみなされるのは，イエスの贖罪に示された神の愛への信仰によるのみである。

③罪深い人間が義とみなされるのは，信仰・誠実・愛というキリスト教の三元徳によるのみである。

④罪深い人間が義とみなされるのは，父・子・聖霊の三位が一であるという教義への精通によるのみである。　　　　　　　　　　　　　　　　　　　　（2013センター試験・本試）

❸アウグスティヌスの考えとして最も適当なものを，次の①〜④のうちから一つ選べ。　┌───┐
　　　　　　　　　　　　　　　　　　　　　　　　　　　　└───┘

①教会が指導する聖書研究を通して信仰を深めることにより，神の恩寵を得ることができると考えた。

②人は神の恩寵によらなければ救われないと主張し，教会は神の国と地上の国を仲介するものだと考えた。

③教会への寄進といった善行を積むことにより，神の恩寵を得ることができると考えた。

④人は神の恩寵によらなければ救われないと主張し，贖宥状の購入による救済を説いた教会の姿勢は間違っていると考えた。　　　　　　　　　　　　　（2017センター試験・本試）

❹トマス・アクィナスに関する記述として最も適当なものを，次の①〜④のうちから一つ選べ。
　　　　　　　　　　　　　　　　　　　　　　　　　　　┌───┐
　　　　　　　　　　　　　　　　　　　　　　　　　　　└───┘

①神や自由というのも感覚的印象に由来する観念であり，それは習慣によって身につけられたものにすぎないとした。

②理性的に正しいとされる真理と啓示された信仰の真理とは別であり，各々は独立的に存在するとした。

③イスラーム世界経由で流入した古代ギリシア哲学を用いて，キリスト教神学をいっそう精緻（せいち）に体系化した。

④キリスト教の三元徳である信・望・愛にギリシアの四元徳を従属させ，それらをあわせた七つの徳を初めて説いた。　　　　　　　　　　　　　　（2006センター試験・追試）

❺パウロは，なぜ人間は生まれながらに罪深いと考えたのか，50字以内で説明せよ。

●エピソード● イエスの十二使徒のうち，一番弟子とされるペテロがユダヤ人を中心に布教した一方，パウロはユダヤ人以外（異邦人）を中心に布教活動を展開したため，「異邦人への使徒」とよばれる。

10 イスラーム

ムハンマドは，イスラームの形成にどのような役割をはたしたのだろうか。

1 イスラームの誕生

●**❶**　　　　　　　　　　……アラビア半島の**メッカ**生まれ。啓示を受け，
自分が神(**❷**　　　　　　　　　)の使徒であると自覚━→伝道を開始

(1)メッカに広まっていた多神教と偶像崇拝を否定する厳格な**❸**
を説く。神の前での人々の平等を主張

↓メッカの支配層から迫害

信徒とともにヤスリブ(メディナ)へ聖遷(**❹**　　　　　　　　)(622年)

・ヤスリブで信仰の共同体(**❺**　　　　　　　)を実現

・メッカを奪回，絶対的な帰依・服従を意味する**イスラーム**を形成

①**イスラームの神は，ど
のような存在だろうか。
ユダヤ教やキリスト教
と，どのような関係が
あるのだろうか。**
②**『クルアーン』は，どの
ような書だろうか。そ
の教えには，どのよう
な特徴があるのだろう
か。**

2 イスラームの神，『クルアーン』の教え

(1)イスラームの神……絶対的存在，偶像制作を禁止

　　━→**❻**　　　　　　　　(イスラームの信者)は神にすべてを委ねる

(2)**❼**　　　　　　……人間たちに正しい道を歩ませようと神が遣わす

　例：モーセ，イエス　最後の**❼**　　　　　：**❶**

(3)聖典『**❽**　　　　　　　』……神からの啓示の内容をまとめる

　①唯一絶対の神の前での平等

　②神への信仰は社会のなかでの実践を通じて明らかにしなければならない

　━→信仰と**❺**　　　　　　を守るため，神のために自己を犠牲にして努力

　　する(**❾**　　　　　　)も**❻**　　　　　　　の責務

3 シャリーア

(1)**❿**　　　　　　　　(イスラーム法)……**❼**　　　　　　の示した
範例(**⓫**　　　　　　)などをもとに，社会生活全般に関わる規則を定めた
もの。**⓬**　　　　と**⓭**　　　　　　を柱とする

シャリーアは，ムスリムの生活をどのように規定しているのだろうか。

⓬　　　：信仰の柱	**⓭**　　　　　：実践面の基準
(1)**神**	(1)**信仰告白**：「アッラーをおいて神はなく，ムハンマドは神の使徒である」と証言する
(2)**⓮**	
(3)**啓典**	(2)**礼拝**：１日５回メッカに向かっておこなう
(4)**❼**	(3)**⓯**　　　　：イスラームの救貧税
(5)**来世**	(4)**⓰**　　　　：ラマダーン(断食月)の日中におこなう
(6)**天命**	(5)**巡礼**：一生に一度メッカのモスクに巡礼する

4 イスラーム世界の拡大と文化の発展

(1)勢力拡大の過程で後継者をめぐって対立

　①**⓱**　　　　　　……歴代の**カリフ**を認める多数派

　②**⓲**　　　　　　……**❼**　　　　　　の家系を重視する少数派

イスラーム世界の拡大のなかで，学問と文化はどのように発展したのだろうか。

(2) 9世紀のアッバース朝のもとでバクダードに「知恵の館」が設立

　　──→哲学，数学，天文学，医術など多くの分野で独自の成果

　　　　イブン・ルシュド(アヴェロエス)……アリストテレス哲学を重視

ステップ　アップ

❶イスラーム教の唯一神アッラーについての説明として最も適当なものを，次の①〜④のうちから一つ選べ。

　①一切を超越した神であり，いかなる偶像によっても表すことはできない。この神は，モーセやイエスの説いた神と同じであるとされる。

　②神は全知全能で，人間に審判をくだす。そして最後の審判において，死んだ人間をすべて復活させ，天国に入れるとされている。

　③一切を超越した神であり，彫像によって表すことはできない。ただし，神の肖像画のみは認められており，これがイコンと呼ばれる。

　④神は全知全能で，人間に審判をくだす。そして，この審判を一千年ごとに行い，正義を確立するとされる。

(2014センター試験・追試)

❷イスラーム教の戒律についての説明として最も適当なものを，次の①〜④のうちから一つ選べ。

　①六信が何よりも重要であり，信仰を伴わない行為は無意味なので，戒律の履行は義務ではなく信仰心に基づく任意の行為とみなされる。

　②正しく信仰し戒律を守るアラブ人のみが，世の終わりに現れるアッラーにより救済され，栄光と正義に満ちた理想郷の住人となる。

　③聖と俗が分離されたイスラーム教では，学者たちが教義の解釈を担い，カリフは戒律などの宗教規範に関与せずに政治に専念する。

　④アッラーが下す最後の審判で，正しい信仰を守り，戒律を遵守したと判断されたものは楽園に赴き，至福を享受することができる。

(2012センター試験・追試)

❸イスラーム教の宗教的な義務の代表例である五行の実践に関する記述として最も適当なものを，次の①〜④のうちから一つ選べ。

　①「この神殿への巡礼は，そこに赴くことが可能な人々にとって，神に対する義務である」といったクルアーンの記述に従い，巡礼月以外でも，経済的，肉体的に巡礼が可能になり次第メッカの神殿に赴き，所定の儀式を行うこと。

　②旅人や病人を例外として「その月(ラマダーン月)に家にいる者は心身を清らかにせよ」といったクルアーンの記述に従い，イスラーム暦9月のラマダーン月に健康な成人男女が昼夜を問わず飲食を一切しないこと。

　③「マリアの息子であるイエス・キリストは，神の使徒にすぎない」といったクルアーンの記述に従い，イエスの代わりにムハンマドを神の子として，「神以外に神はなし，ムハンマドは神の御子である」と唱え信じること。

　④「お前たちはどこにいても，顔を(メッカにある)聖モスクの方角に向けなさい」といったクルアーンの記述に従い，どこに住んでいても毎日五回メッカの方角を向いて跪き，神を賛美する特定の文言を唱えること。

(2011センター試験・本試)

❹イスラームにおいて，日常生活に関わる規則にはどのようなものがあるか，50字以内で説明せよ。

●**エピソード**● ムハンマドは，40歳の頃，ヒラー山の洞窟で瞑想に耽っていると，天使ガブリエルからアッラーのことばを伝えられた。その後，預言者の自覚のもと，妻であるハディージャの助けを得ながら布教活動をおこなった。

11 インドの思想文化，仏教の誕生と展開

1 輪廻の思想，ジャイナ教

(1)❶　　　　　　　　教……現在のインドでもっとも多くの人が信仰する宗教。ヴェーダの宗教(バラモン教)の系譜を引く

(2)古代インド……バラモン(司祭者)を最上位に位置づける❷　　　　　制とよばれる身分秩序のもと，ヴェーダの宗教が成立

①聖典『❸　　　　　　　　』に記載された神々への儀礼を重視

②❹　　　　　　　　の思想……すべての生き物は死後，生前の**カルマ**(業)に応じた姿に生まれ変わる──生は苦痛に満ちている

③『❺　　　　　　　　　　』(奥義書)……ヴェーダの宗教の思想を体系化した哲学書。輪廻の苦しみから❻　　　　　する方法を説く

・瞑想によって，❼　　　　　　　　(梵，宇宙の根源)と❽　　　　　　(我，個々人の根源)が一体であることを体得

↓❾　　　　　　　　の境地(自己と宇宙とが調和する境地)に至る

❻　　　　　(悟り)を得る

(3)❿　　　　　　　教……ヴェーダの宗教を批判する**ヴァルダマーナ**(マハーヴィーラ)が開祖。六師外道の一つ

──❶　　　　　を徹底し，**不殺生(アヒンサー)**を説く

2 ゴータマの悟り

(1)⓬　　　　　　　　　　　　……仏教の開祖

①人間は真理の前には平等──❷　　　　　　　制を批判

②⓭　　　　　(**法**)とよばれる正しい理法の実践を追究

③**衆生**の苦しみは，⓮　　　　　に惑わされた⓯　　　　　(根本的な無知)に由来──それらを断ち切り，心のけがれをすすぐ必要

3 縁起

(1)⓰　　　　　……すべての存在は「縁あって起こる」

万物は相互に依存しあって成立＝不変の真理，独立した実体はない

(2)⓰　　　　　という真理を⓱　　　　　　　として整理

①⓲　　　　　　……あらゆるものは変化しとどまることがない

②**諸法無我**……あらゆる存在物に確たる本質(我，アートマン)はない

③⓳　　　　　……この世のすべては究極的には苦しみである

④⓴　　　　　……煩悩の火が吹き消されると安らかな境地となる

4 四諦・八正道，慈悲

(1)**四諦**(4つの真理)……**我執**(ひとりよがりな考え)にとらわれた愚かな人間(㉑　　　　)が苦の原因を知り，そこから解放される方法

①**苦諦**……人生は苦にみちている──**四苦**(生・老・病・死)＋**八苦**(愛別離苦・怨憎会苦・求不得苦・五蘊盛苦)

②❷　　　　　……苦の原因は心のなかにある煩悩である

③❷　　　　　……煩悩を取り除けば苦しみが消える

④**道諦**……煩悩を取り除くために❷　　　　　　　の実践が必要

(2)❷　　　　　　　……快楽からも苦行からも離れる修行法であることから，

❷　　　　　　ともいわれる

(3)❷　　　　　　……他者に喜びをあたえること(与楽)と他者の苦しみを取り

去ること(抜苦)

(4)❷　　　　　(ニルヴァーナ)……❷　　　　　　にもとづく正しい修行を積

んだ結果，束縛から解脱した悟りの境地に至ること

⑤ 上座仏教と大乗仏教

(1)ゴータマの死後……出家者と在家信者で構成される教団を形成

①**出家者**……❷　　　　　　を守りながら修行。肉食・結婚も禁止

②**在家信者**……ブッダ(仏)・ダルマ(法)・サンガ(僧)を敬いながら日常生活

を送る。❷　　　　　(生き物を殺さない，盗みをしない，淫らなことを

しない，うそをつかない，酒を飲まない)のみが課せられる

(2)仏教の二側面

①**自利**……自己の悟りの完成をめざす

──➌❸　　　　　仏教(南伝仏教)の流れ

・➌❸　　　　　仏教での修行者の最高段階を❸　　　　　　とよぶ

②**利他**……万人のために悟りにもとづく慈悲のはたらきを成しとげていく

──➌❸　　　　　仏教(北伝仏教)の流れ

(3)東アジアでの仏教の広まり……❸　　　　　仏教が東アジアで発展

①西方極楽浄土への往生を説く❸　　　　　**信仰**は中国在来の信仰と融合

②呪術的な❸　　　　　もさかん

③修行方法の一つであった坐禅が中国の道家思想と出会うことで禅宗に

──中国で変容した仏教の諸流派が日本に伝来

⑥ 空の思想，菩薩の行為

(1)❸　　　　　の思想……❸　　　　　仏教の中心的理論。縁起の考え方を発展

①❸　　　　　　　(竜樹)が理論化

②**アサンガ**(無著)と**ヴァスバンドゥ**(世親)……あらゆるものごとは心(識)が

生み出したものにすぎないという❸　　　　　**思想**を説いた

──玄奘らによって中国で広まり，奈良時代の日本仏教にも影響

(2)❸　　　　　……❸の悟りを求める者。❸仏教の理想的修行者像

①❸　　　　　　　　　(命あるものすべてが仏になる可

能性をもつ)の考えのもと，救いの手を差しのべる

②❹　　　　　　の教えを重視……慈悲による自利＝利他の実践

> ①布施：財物をあたえ，真理を教え，安心をあたえること
> ②持戒：戒律を守ること　③忍辱：耐え忍ぶこと
> ④精進：たゆまぬ努力をつづけること　⑤禅定：精神を統一すること
> ⑥知慧：真理を見きわめ，悟りを完成させること

小見出しの問い
仏教は，どのように世界中に広まったのだろうか。

小見出しの問い
①すべては空であることと，すべては可能性に満ちているということは，どのようにつながっているのだろうか。
②他者のために生きるためには，どのようなことが必要なのだろうか。

●エピソード● ゴータマ・シッダッタは王城の東門で老人，西門で病人，南門で死者の葬儀，北門で修行者を目の当たりにし，人生の苦しみについて考えるなかで29歳のときに出家をした。このことを四門出遊という。

21

1 教科書p.49「📖 ウパニシャッド」を読み，アートマンとは何か，また，すべてを成り立たせる原理とはどのようなものか，考えよう。

2 教科書p.51「📖 縁起説」を読み，苦しみが発生する原因と，苦しみが消滅する過程をどのように説明しているのか，考えよう。

3 教科書p.52「📖 集諦」を読み，煩悩・欲とは，どのようなものか，考えよう。

4 教科書p.55「📖 空の思想」を読み，ナーガールジュナは何を説こうとしたのか，考えよう。

5 古代インドで展開された思想の記述として最も適当なものを，次の①〜④のうちから一つ選べ。

①ウパニシャッド哲学は，真の自己とされるアートマンは観念的なものにすぎないため，アートマンを完全に捨てて，絶対的なブラフマンと一体化するべきであると説いた。

②バラモン教は，聖典ヴェーダを絶対的なものとして重視していたため，ヴェーダの権威を否定して自由な思考を展開する立場を六師外道と呼んで批判した。

③ウパニシャッド哲学では，人間を含むあらゆる生きものが行った行為，すなわち業（カルマ）の善悪に応じて，死後，種々の境遇に生まれ変わると考えられた。

④バラモン教では，唯一なる神の祀り方が人々の幸福を左右するという考えに基づいて，祭祀を司るバラモンが政治的指導者として社会階層の最上位に位置づけられた。　　（2017センター試験・本試）

6 次のア〜ウは，大乗仏教において説かれた様々な思想についての説明である。その正誤の組合せとして正しいものを，次の①〜⑧のうちから一つ選べ。

ア　ヴァルダマーナによって唱えられた空の思想では，縁起の教義が徹底され，あらゆる事物は，固定的な不変の実体をもたないと説かれた。

イ　アサンガやヴァスヴァンドゥによって確立された唯識思想では，すべての事物は，心によって生み出された表象にほかならないと説かれた。

ウ　実践して功徳を積むことで，自らが仏となる可能性を獲得すべきと説かれた。

①　ア　正　イ　正　ウ　正　　②　ア　正　イ　正　ウ　誤　　③　ア　正　イ　誤　ウ　正
④　ア　正　イ　誤　ウ　誤　　⑤　ア　誤　イ　正　ウ　正　　⑥　ア　誤　イ　正　ウ　誤
⑦　ア　誤　イ　誤　ウ　正　　⑧　ア　誤　イ　誤　ウ　誤　　　　　（2015センター試験・追試）

7 ゴータマ・シッダッタの説いた慈悲とはどのようなものか，50字以内で説明せよ。

12 儒家の思想

1 礼, 仁, 孝

(1) ❶　　　　　　　　……春秋戦国時代に登場した, 乱世をおさめる方策を説いた思想家の流派の総称

(2) **儒家**……❷　　　　　　　を祖とし, ❶　　　　　　　　　　　　のなかで最初に活躍した流派

(3) ❷　　　　　　　の理想……周の初期の統治を理想。周の礼楽を再興することで, 社会の乱れを正そうと考え, 多くの弟子を養成

　①❸　　　　……昔からの社会生活上の決まりごと──平和な社会を実現

　②楽……音楽のこと──人々を仲良くさせる力がある

(4) 『❹　　　　　』……❷　　　　　　　と弟子の問答を収録した代表的書物

　①❺　　　　……『❹　　　　　』の中心的教え。まごころ(❻　　　　　)と思いやり(❼　　　　)の徳で, 社会全般の人間関係に使われる

　②❽　　　　　　　……自己の欲望を抑えて❸　　　　に従うこと

　　↓❽　　　　　　ができれば, ❺　　　　をそなえた者となる

　　❺　　　　を実践する人：❾　　　　──理想的な王：**聖人**

　　❺　　　　がともなわず, うわべだけで誠意のない人：❿　　　

　③⓫　　　　……❸　　　　の具体的実践。もっとも大事な人間関係のあり方として重視

　　──親や先祖に対する⓬　　　　＋弟が兄に対して尽くす⓭

小見出しの問い
①孔子が説いた礼とは, どのようなものだろうか。なぜ, 礼が必要とされるのだろうか。
②まごころと思いやりが大事なのは, なぜだろうか。まごころと思いやりは, どのようにして実践されるのだろうか。
③孔子が強調する孝とは, どのようなものだろうか。東アジアの文化における孝の役割は, 何だろうか。

2 性善説を説いた孟子

(1) ⓮　　　　　　　……孔子の教えのなかで, 仁と並んで, 善行を志す徳である⓯　　　　を重視

(2) ⓰　　　　**主義**……政治の根本に仁と⓯　　　　をすえる

(3) ⓱　　　　**政治**……仁と⓯　　　　による政治←→**覇道政治**

(4) ⓲　　　　　　　……武力による覇道政治によって, 民衆を苦しめる君主は放伐や禅譲によって交代

(5) ⓳　　　　　　　……人間は生まれつき善であり, 仁・義・礼・智の**四徳**の芽生えである**四端**がもともとそなわっている

四端		四徳
⓴	の心：他者への思いやりの感情	仁
㉑	の心：自分の行為に対する恥の意識	義
㉒	の心：たがいに譲りあう気持ち	礼
㉓	の心：善悪を判断する能力	智

　──㉔　　　　　　……四徳が身体に満ちあふれた㉕　　　　　　の気をそなえた人のこと

(6) **五倫**……社会生活上の具体的な倫理。漢代の**董仲舒**は, 四徳に信を加えたものを**五常**とし, 五倫と五常を対応させた

小見出しの問い
孟子の性善説とは, どのようなものだろうか。孟子はなぜ, 性善説を説いたのだろうか。

●エピソード● 『論語』に「吾十有五にして学を志し(私は15歳で学問に志し)」という一節がある。貧困のなかにありながら, 古典を修めて身を立てた孔子の生い立ちをふまえたものであり, 学問に臨む姿勢がうかがえる。

五倫		五常
❷⓺　　　　：父と子の関係に必要な倫理		仁
義：君主と臣下の関係に必要な倫理		義
別：夫婦関係に必要な倫理		礼
❷⓻　　　　：年齢の上下関係に必要な倫理		智
信：友人関係に必要な倫理		信

小見出しの問い
荀子の性悪説とは，どのようなものだろうか。荀子はなぜ，性悪説を説いたのだろうか。

③ 性悪説を説いた荀子

(1) **荀子**……人間はもともと欲望に従って利己的にふるまう傾向があるとして，❷⓼　　　　　　　　　の立場をとる

①人間の欲望……人を利己的な行為に走らせ，社会に争いをもたらす

　↓ルール＝❷⓽　　　　を定めて教育によって矯正する必要がある

②❸⓪　　　　**主義**……❷⓽　　　　を定めて人々を導く必要を説く

　──▶❸⓪　　　　　　　を実現するために法律や制度（律令）が定められた

(2) 孟子と荀子の比較

①孟子の「性」：生まれつきの本性──▶生まれつき❸①　　　　　　　をもつ

②荀子の「性」：人間の欲望──▶教育の結果，矯正される

小見出しの問い
①朱子が説く聖人は，どのような人のことだろうか。
②王陽明は，朱子学の何を批判したのだろうか。

④ 朱子，王陽明

(1) ❸②　　　　　　　　　　　　の編纂──▶経典の字句の解釈中心，思想的な独創性が失われる

五経：『易経』『書経』『詩経』『礼記』『春秋』

四書：『論語』『大学』『中庸』『孟子』

　──▶朱子学や陽明学のように，❸②　　　　　　　　　が説く思想の原点に返るという立場を掲げた革新運動が起こる

(2) ❸③　　　　　　　（朱熹）……宋代の12世紀に**朱子学**を大成。人間の本性は宇宙の原理に根ざしているとして，❸④　　　　　　　を説く

①世界は物質のもとになる❸⓹　　　　で成立……❸⓹　　　　にはものをそうさせている原理である❸⓺　　　が必ずそなわる

　──▶❸⓹　　　と❸⓺　　　の関係をわきまえる**格物致知**が必要

②❸⓻　　　　　　　　……個々人が心の修養をしつつ，理を探究すること

　──▶克己復礼をおこない，聖人になることをめざすべき

(3) ❸⓼　　　　　　　　（王守仁）……明代なかばの16世紀に**陽明学**を提唱。感情や欲望を含む心のありようそれ自体が，宇宙の原理の現れであるとして，❸⓽　　　　　　　　　を説く

①❹⓪　　　　　　　　……たんなる知識ではなく，実践が大事

②個々人の心にそなわった善悪を判断する能力である❹①　　　　　　　に従うならば，その人の行為はおのずから理にかなったものになる

　──▶❹②　　　　　　　　**の仁**……自他を貫く善への思いが世界をつないでいる

1教科書p.57「 📖『論語』が説く人の生き方，政治のしかた」を読み，孔子は，中国の人たちに何を訴えようとしたのか，考えよう。

2教科書p.59「 📖 孟子の仁義と荀子の礼儀」を読み，孟子と荀子の対立点は，どこにあるのか，考えよう。

3教科書p.60「 📖 朱子と王陽明」を読み，朱子と王陽明の考え方のちがいは何か，考えよう。

4孔子が説いた仁の実践として最も適当なものを，次の①〜④のうちから一つ選べ。

①人間の道徳性を現実化しようとする，根源的な気力を養い育てていく。

②柔和でへりくだった態度をとり，周囲の人と極力争わないように努める。

③名称とそれが示す具体的な事柄とを一致させて，社会秩序を強固にする。

④自分勝手な欲望に打ち勝ち，古の理想的な行動基準に自分を従わせる。

(2005センター試験・本試)

5孟子の思想の記述として最も適当なものを，次の①〜④のうちから一つ選べ。

①王は民衆の仁義礼智を当てにせず，武力によって世の中を治めるべきだとする王道思想を説いた。

②人間の本質は善であるので，王は徳によって民衆を平等に愛するべきだとする兼愛思想を説いた。

③王が徳に反する政治を行うなら，民衆の支持を失い，天命が別の者に移るという易姓革命を唱えた。

④浩然の気に満ちた大丈夫が王となって，民衆の幸福の実現を目指すという覇道政治を唱えた。

(2007センター試験・本試)

6朱子の理と気についての説明として最も適当なものを，次の①〜④のうちから一つ選べ。

①心のなかにのみ存在する理を規範とし，非物質的な気を媒介として，物質としての万物が形成される。

②万物に内在する理を規範とし，物質的な気が運動することによって，万物が形成される。

③心のなかにのみ存在する理を規範とし，物質的な気が運動することによって，万物が形成される。

④万物に内在する理を規範とし，非物質的な気を媒介として，物質としての万物が形成される。

(2019センター試験・本試)

7諸子百家とよばれる流派が生まれた背景はどのようなものか，50字以内で説明せよ。

8孟子の説いた五倫とは何であるか，50字以内で説明せよ。

●エピソード● 荀子のことばに「人の性は悪にしてその善なるは偽りなり」があるが，ここでいう「偽」は人為をさし，悪を防止して善に導くための矯正の必要を説いている。

13　儒家以外の諸流派，宗教や芸術

小見出しの問い
老子が説く理想の政治は，どのようなものだろうか。

1　道家の老子

(1)『**老子**』……理想的な君主の姿を記した書物。後世になると，一般の人々の生き方の指針を説いた書物として扱われるようになった

(2)**道**（タオ）……人智をこえた絶対的な宇宙の原理

①❶　　　　　　　　……ありのままで，自然に任せたあり方

②❷　　　　　　　　……水のようにへりくだって，他者と争わない態度

③❸　　　　　　　　……老子が理想とする政治のあり方。国の規模を小さくした自給自足の共同体

小見出しの問い
私たちはなぜ，他者や人間以外の生き物ではなく，ほかならない私として生きているのだろうか。

2　道家の荘子

(1)**荘子**……親子・君臣・夫婦など人間の役割分担を重視した儒家を批判

①❹　　　　　　　　……この世のあらゆる生き物は，素直にありのままの生活を送っている点で区別は本来ない（差異は相対的なもの）

②❺　　　　　　（理想的な人物）……道に逆らうことなく，心をむなしくして我を張らず，天地と一体になってあたえられた運命を楽しんで生きる

③❻　　　　　　　　……俗世間の煩わしさを離れて暮らす生き方

④❼　　　　　　　　……心を無にして道と一体化する生き方

(2)荘子による幸福についてのたとえ話

①「甲羅が美しいので殺されてしまった亀も，無用なまま寿命をまっとうした方が幸福だったろう」

　　──→幸福とは立身出世のことではなく，道と一体化すること

②「ミソサザイ（小さな鳥）は大きな林に住んでも，一本の枝しか使わないし，ドブネズミは大きな川にいても，たいした量の水は飲めない」

　　──→それぞれの本性にかなった生き方こそ幸福

(3)❽　　　　　　　思想……ものごとをあるがまま（自然）に任せるという思想。『老子』の内容と荘子の教え。道家の主流に

　　──→漢代には民間信仰と融合して教団を形成：❾

小見出しの問い
①戦争しないで敵に勝つ方法とは，どのようなものだろうか。
②戦争は，なぜ悪であるのだろうか。
③法律によって民衆を統制する方法は，どのようなものだったのだろうか。

3　兵家の孫子，墨家の墨子，法家の思想

(1)❿　　　　　　（孫武）……兵家の立場から，兵法の規範を説いたが，できるだけ戦争を避けることを主張

(2)⓫　　　　　　……墨家の立場から，自分に近い人と他者とを区別せずに広く人を愛すること（⓬　　　　　　）や，たがいに利益をあたえあうこと（⓭　　　　　），葬儀を簡素にすること（⓮　　　　　　），民衆が苦しむ侵略戦争への反対（⓯　　　　　）を説いた

(3)**法家**……法律を重視し，君主が褒美や刑罰で人々を操らなければ世の中は治まらないと主張──→⓰　　　　　**主義**

①⓱　　　　　　（韓非）……君主への絶対服従を求める。臣下に発言と行動の一致を求め，これに反する場合は処罰した（⓲　　　　　　　　）

②**李斯**……秦の天下統一に貢献

(4)**名家**……論理学を探究して社会秩序を正す

(5)**縦横家**……外交術で国どうしをまとめようとする

④ 宗教の多様性，芸術作品と宗教

(1)**宗教**……世界には数多くの宗教があり，その間に優劣はない。他者の宗教を排除せず，**⑲**................の精神で交わり，共存できる社会の形成が大切

(2)**芸術作品**……今は鑑賞対象となっている芸術作品も，もとは宗教信仰のためにつくられたものが多い。すぐれた芸術性をそなえているものが多くある

小見出しの問い

①世界に多くの宗教が併存するのは，なぜだろうか。宗教間で争いが絶えないのは，どうしてだろうか。

②信仰から生まれた造形物が，なぜ私たちに感動をあたえるのだろうか。

ステップ アップ

❶ 教科書p.63「📖 胡蝶の夢」を読み，私たちの存在は，夢なのだろうか，それとも現実なのだろうか。荘子の訴えようとしたことを考えよう。

❷ 教科書p.65「📖 侵官之害」を読み，韓非子がめざした秩序とは，どのようなものか，考えよう。

❸ 老子の説く「道」の説明として適当でないものを，次の①～④のうちから一つ選べ。

①万物を育みながら，その働きを意識したり，その功績を誇ったりすることのない，万物の母としての根本原理である。

②人間の感覚や知性によっては把握できない，神秘的な宇宙の根本原理であり，名付けようがないため「無」とも呼ばれる。

③何もしていないように見えながらも天地万物を生み出し，成長させ，秩序づける，無限の力をもつ根本原理である。

④宇宙や人間など万物を貫く様々な働きの根本原理であり，道徳規範としての「礼」を必然的に規定するものである。 (2017センター試験・追試)

❹ 荘子の思想を述べたものとして適当でないものを，次の①～④のうちから一つ選べ。

①この世界は，道がおのずから現れたものであり，そこには対立や差別はない。この認識に立ち，一切の欲望や分別から自由になった人が真人である。

②この世界は，道がおのずから現れたものであるので，己の心を虚にして，心身とも天地自然と一体になる境地が理想である。

③この世界は，道がおのずから現れたものであるのに，人間がそれを有用だとか無用だとか判断するのは，自己の価値観に囚われているためである。

④この世界は，道がおのずから現れたものであり，人間社会の秩序も道にかなっている。この認識に立った，社会規範にかなう行為が重要である。 (2006センター試験・本試)

❺ 墨子の「非攻」とはどのような考え方か，50字以内で説明せよ。

●エピソード● 荘子は，楚の王からの国の要職として迎え入れたいとの申し出を「尾を泥中に曳く（束縛されて生きるより，自由に生きていく方がよい）」として断った。社会的地位にとらわれない自由な生き方をよいとしたことがうかがえる。

14 チェックポイント②

⑤ 哲学の形成，哲学の確立①

①紀元前8世紀ごろから形成された古代ギリシア人たちが生活を営んだ小規模の共同体

…………………………………………………………………（　　　　　　　　）

②叙事詩『イリアス』『オデュッセイア』の作者…………………（　　　　　　　　）

③『神統記』で，神々の系譜を通じて宇宙の生誕について体系的な説明をあたえた人物

…………………………………………………………………（　　　　　　　　）

④自然哲学者たちが追究したものごと全般の根本的な原理…………（　　　　　　　　）

⑤万物の根本原理を「水」であるとした自然哲学者………………（　　　　　　　　）

⑥万物は流転すると説き，万物の根本原理は「火」であるとした自然哲学者

…………………………………………………………………（　　　　　　　　）

⑦弁論術や徳（アレテー）を教えた職業的教師……………………（　　　　　　　　）

⑧「万物の尺度は人間である」と主張した人物……………………（　　　　　　　　）

⑨ソクラテスが重視した自分の無知を自覚していること…………（　　　　　　　　）

⑩対話を通じてものごとを探究する方法……………………………（　　　　　　　　）

⑪自分自身の魂がすぐれたものになるように努めること…………（　　　　　　　　）

⑫金銭や名誉は徳があってこそ幸福に結びつくという考え方……（　　　　　　　　）

⑥ 哲学の確立②

⑬ものごとの原型で，知性のはたらきによってとらえられる真の実在……（　　　　　　　　）

⑭プラトンによる，感覚によってとらえた事柄を事物の真の姿だと思い込む人々を，洞窟のなかの囚人

　になぞらえたたとえ……………………………………………（　　　　　　　　）

⑮他のイデアが成立するための原理となる特別なイデア…………（　　　　　　　　）

⑯人間の魂が真理の世界（イデア界）に対して恋いこがれる心…………（　　　　　　　　）

⑰人間の魂がかつて知っていたイデアを想い起こすこと…………（　　　　　　　　）

⑱プラトンによる，人間の魂を理知的部分，気概的部分，欲望的部分という三つの部分に分けて説明す

　る考え方…………………………………………………………（　　　　　　　　）

⑲人間の生き方の基本となる徳とギリシア人が考えた知恵，勇気，節制，正義の総称

…………………………………………………………………（　　　　　　　　）

⑳プラトンが理想とした知恵の徳を身につけた者による政治…………（　　　　　　　　）

㉑プラトンが開き，教育と研究を組織的におこなった学園…………（　　　　　　　　）

⑦ 哲学の確立③，ギリシア思想の展開

㉒アリストテレスが開設した学園……………………………………（　　　　　　　　）

㉓アリストテレスによる事物に内在する普遍的な本質のこと…………（　　　　　　　　）

㉔アリストテレスによる事物に内在する素材のこと………………（　　　　　　　　）

㉕事象の成立や変化には，始動因，目的因，質料因，形相因という4つが原因としてはたらいていると

　いう考え方………………………………………………………（　　　　　　　　）

㉖自然がある目的に向かって生成変化するという見方……………（　　　　　　　　）

㉗アリストテレスが重視した思考にかかわる徳……………………（　　　　　　　　）

㉘アリストテレスが重視した人柄・性格（エートス）にかかわる徳………（　　　　　　　　）

㉙理性に従って純粋に真理を求める生活……………………………（　　　　　　　　）

㉚過度や不足という両極端を避けた適切な中間のこと……………………（　　　　　）

㉛ポリスの成立に重要な徳の一つで，人々を結びつけるもの……………（　　　　　）

㉜アリストテレスが説く法律に従うという普遍的な正義……………………（　　　　　）

㉝アリストテレスが説く人々の間の平等が実現している状態としての部分的正義のうち，不当な損害を
　償い利害と得失を均等にする正義……………………………………（　　　　　）

㉞エピクロスによる個人の幸福は快楽を得ることによって実現するという立場
　……………………………………………………………………………（　　　　　）

㉟エピクロスが説いた不安や恐怖から解放され，精神の動揺のない状態…（　　　　　）

㊱ゼノンによる人間の幸福は自然本性に一致して生きることにあるとする立場
　……………………………………………………………………………（　　　　　）

㊲ゼノンが説いた情念に支配されない状態……………………………………（　　　　　）

㊳宇宙のロゴスをもつ人間は，すべて同胞で平等だとする人間観…………（　　　　　）

㊴プロティノスからはじまる，一者のようなすべてを超越する究極的原理を認める立場
　……………………………………………………………………………（　　　　　）

⑧ ユダヤ教の世界，イエス

㊵紀元前13世紀に神から十戒を授かったとされる人物……………………（　　　　　）

㊶神のことばを預かり，神の意志を人々に伝える人…………………………（　　　　　）

㊷ユダヤ教で信仰される唯一の人格神…………………………………………（　　　　　）

㊸律法の厳守を主張してイエスと対立したユダヤ教の一派………………（　　　　　）

㊹イエスの発言と行動がまとめられたキリスト教の聖書…………………（　　　　　）

㊺キリスト教における喜ばしい知らせのこと………………………………（　　　　　）

㊻神が人間に注ぐ無償で無限の愛………………………………………………（　　　　　）

㊼相手がどのような人であっても分けへだてなく愛すること……………（　　　　　）

⑨ キリスト教の発展

㊽回心後，キリスト教団の発展に重要な役割をはたした人物………………（　　　　　）

㊾アダムとエヴァの楽園追放に象徴される，人が生まれながらに負う罪…（　　　　　）

㊿イエスの十字架上の死によってはたされた人類の罪の償い………………（　　　　　）

51キリスト教における信仰と希望と愛という三つの徳の総称………………（　　　　　）

52「父なる神」「子なるイエス」「聖霊」は実体としては同じとする教義………（　　　　　）

53『神の国』を著し，教父のなかで後世に大きな影響をあたえた人物………（　　　　　）

54人間を㊾から救う，神があたえる無償の恵み………………………………（　　　　　）

55中世，教会や修道院に付属する学校でおこなわれたキリスト教哲学……（　　　　　）

56『神学大全』を著し，信仰と理性の調和について説いた神学者………（　　　　　）

57普遍的なものは概念やことばでしかないとする唯名論を主張した哲学者（　　　　　）

⑩ イスラーム

58メッカに生まれ，イスラーム（イスラム教）の開祖となった人物………（　　　　　）

5958が迫害を受け，ヤスリブ（メディナ）に信徒とともに逃れたこと………（　　　　　）

60アラビア語で唯一の神を意味することば……………………………………（　　　　　）

61ムスリムが信仰によって結びついた共同体…………………………………（　　　　　）

6258に下された神の啓示を集録したイスラームの聖典……………………（　　　　　）

63イスラームにおいて，信仰の柱となる神，天使，啓典，預言者，来世，天命の総称
　……………………………………………………………………………（　　　　　）

㉔ムスリムが神に対してはたすべき5つの義務の総称………………………(　　　　　　)

㉕ムハンマドの後継者として歴代のカリフを受け入れ，共同体の合意を重視するイスラームの多数派

………………………………………………………………………………(　　　　　　)

㉖預言者の家系を重視するイスラームの少数派………………………………(　　　　　　)

⑪ インドの思想文化，仏教の誕生と展開

㉗現在のインドで，もっとも多くの人々に信仰されている宗教……………(　　　　　　)

㉘人間がなすさまざまな行為のことで，未来の結果と結びつくもの………(　　　　　　)

㉙すべての生き物は死後に生まれ変わり，生と死をくり返すという考え方(　　　　　　)

㉚ヴェーダの真意や呪術の秘法を体系化して記した哲学書…………………(　　　　　　)

㉛宇宙の根源と個々人の根源は一体であるという真理………………………(　　　　　　)

㉜ヴァルダマーナを開祖とし，苦行の徹底と不殺生を説く宗教……………(　　　　　　)

㉝ゴータマ・シッダッタが説いたすべては縁あって起こるという考え方…(　　　　　　)

㉞四法印の一つで，あらゆるものは変化しとどまることがないという真理(　　　　　　)

㉟四法印の一つで，あらゆる存在に確たる本質（我）はないという真理……(　　　　　　)

㊱四法印の一つで，この世のすべては究極的には苦しみであるという真理(　　　　　　)

㊲四法印の一つで，煩悩を断ち切ると安らかな境地が得られるという真理(　　　　　　)

㊳四諦の一つで，人生は苦しいものであるという教え…………………………(　　　　　　)

㊴四諦の一つで，苦しみの原因は煩悩であるいう教え………………………(　　　　　　)

㊵四諦の一つで，煩悩を滅することで苦しみが消えるという教え…………(　　　　　　)

㊶四諦の一つで，煩悩を滅するために八正道の実践を重要とする教え……(　　　　　　)

㊷快楽からも苦行からも離れ，偏りなく深く思考するというあり方………(　　　　　　)

㊸他者に喜びをあたえ，他者の苦しみを取り去ること………………………(　　　　　　)

㊹仏教教団が分裂するなかで生まれた，自利を重視し，南伝仏教ともよばれる仏教

………………………………………………………………………………(　　　　　　)

㊺㊹で理想とされる，修行者として最高の段階に達したもの………………(　　　　　　)

㊻仏教教団が分裂するなかで生まれた，利他を重視し北伝仏教ともよばれる仏教

………………………………………………………………………………(　　　　　　)

㊼㊻で理想とされた，悟りを求め衆生にも救いの手を差しのべるもの……(　　　　　　)

㊽ナーガールジュナ（竜樹）によって理論化された，存在するすべてのものには実体がないという思想

………………………………………………………………………………(　　　　　　)

㊾アサンガ（無著）とヴァスバンドゥ（世親）によって説かれた，あらゆるものごとは心（識）が生みだした

ものにすぎず，実在するわけではないという考え方………………………(　　　　　　)

㊿㊻の基本理念で，命あるものすべてが仏になる可能性をもっているという教え

………………………………………………………………………………(　　　　　　)

51㊻において修行で重視される6つの実践徳目……………………………………(　　　　　　)

⑫ 儒家の思想

52中国の春秋戦国時代に，理想的な政治のあり方を説いた思想家の総称…(　　　　　　)

53孔子と弟子たちとの問答を通し，孔子の教えが収録された書物…………(　　　　　　)

54孔子の教えの中心となることば………………………………………………(　　　　　　)

55自己の欲望を抑えて，社会規範である礼に従うこと………………………(　　　　　　)

56仁と礼の徳をそなえた理想的な人物…………………………………………(　　　　　　)

57徳を身につけた為政者が，徳によって人民を統治する政治のあり方……(　　　　　　)

98 為政者が仁義の徳によって人民の幸福をはかる政治……………………（　　　　　）

99 為政者が武力によって人民を支配する政治……………………………（　　　　　）

100 民衆の苦しみをかえりみない暴君は追放されて当然だという思想………（　　　　　）

101 孟子にみられるように，人間は生まれつき善であるという考え方………（　　　　　）

102 人に生まれつきそなわる，仁・義・礼・智の四徳の芽生えのこと………（　　　　　）

103 102のうち仁の徳の芽生えで，他者への思いやりの心のこと……………（　　　　　）

104 102のうち智の徳の芽生えで，善悪を判断する能力のこと………………（　　　　　）

105 四徳が身体に満ちあふれた状態………………………………………（　　　　　）

106 105をそなえた人物のこと………………………………………………（　　　　　）

107 孟子が説いた，5つの人間関係における具体的な倫理…………………（　　　　　）

108 孟子による四徳に信を加えて五常とした漢代の儒学者…………………（　　　　　）

109 荀子による，人間はもともと欲望に従って利己的にふるまう傾向があるという考え方
　　……………………………………………………………………………（　　　　　）

110 荀子が説いた，君主が礼を定めて人々を統治する政治のあり方…………（　　　　　）

111 朱子学や陽明学が思想の原点とした，5つの経典や倫理の指針となった書物の総称
　　……………………………………………………………………………（　　　　　）

112 朱子が説いた，人間の本性は宇宙の原理に根ざしているという考え方…（　　　　　）

113 宇宙の原理を探究して，知恵を獲得すること…………………………（　　　　　）

114 心の修養をしつつ，理を探究すること…………………………………（　　　　　）

115 王陽明が説いた，感情や欲望をふくむ心のありようそれ自体が，宇宙の原理の現れであるという考え
　　方…………………………………………………………………………（　　　　　）

116 たんなる知識ではなく，実践こそが大切であるという考え方……………（　　　　　）

117 生まれつき個々人の心にそなわった善悪を判断する能力に従うこと……（　　　　　）

⑬ 儒家以外の諸流派，宗教や芸術

118 道家で重視される，人智のはからいをこえた絶対的な宇宙の原理………（　　　　　）

119 118のはたらきに沿い，作為を捨てて自然に任せるあり方………………（　　　　　）

120 水のようにへりくだり，他者と争わない態度…………………………（　　　　　）

121 老子が理想とした，人々が自然のままに生活できる規模の小さい自給自足の共同体
　　……………………………………………………………………………（　　　　　）

122 荘子による，生と死，善と悪といった対立は相対的なもので，本来あらゆるものに区別はないという
　　考え方……………………………………………………………………（　　　　　）

123 荘子が理想とした，118に逆らわず，天地と一体になって生きる人物……（　　　　　）

124 俗世間の煩わしさから離れて暮らす123の境地………………………（　　　　　）

125 『老子』の内容と荘子の教えの総称……………………………………（　　　　　）

126 心を無にして自己を忘れ，118と一体化して生きること………………（　　　　　）

127 兵法の規範を説き，感情的になって戦争をすることを批判した人物……（　　　　　）

128 墨家の開祖である墨子が説いた，自分に近い人と他者とを区別せずに広く人を愛すべきだという考
　　え方………………………………………………………………………（　　　　　）

129 法家の思想家である韓非子や李斯が主張した，君主が褒美や刑罰で人々を操る政治のあり方
　　……………………………………………………………………………（　　　　　）

130 諸子百家の一つで，論理学を探究して社会秩序を正すことをめざす流派（　　　　　）

131 諸子百家の一つで，外交術で国どうしをまとめようと試みた流派………（　　　　　）

15 総合問題②

① 次の文章を読んで，下の問いに答えよ。

「かわいい子には旅をさせよ」という諺があるように，旅は人間を成長させる。先哲の中にも，旅に出て思索を深めた者がいた。また，人生を真理へと歩む旅に譬えることで，小さく弱い存在である①人間の生を考察する者もいた。

　旅することは，日常生活では出会うことのない人と出会う機会を与えてくれる。（　1　）は，師である（　2　）がアテネの市民たちによって刑死に追いやられた後，シラクサなど地中海世界を遍歴し，様々な思想家に出会いながら，イデア論や哲人政治など独自の思想を確立していった。このような，旅での出会いが新しい考え方に目覚めるきっかけとなる可能性が，大乗仏教でも説かれた。仏教では教え導く人を善知識と呼ぶが，『華厳経』では，悟りを求める童子が文殊菩薩の勧めにより旅に出て，仏教徒に限らない様々な善知識との出会いを機縁として悟りに到達する。旅での出会いにより新たな視点や気付きを得ることで，自分一人ではたどり着くことのできなかった，深い認識に到達する可能性が開かれるのである。

　さらに，先哲の中には，時に道に迷う人間の生を旅に譬えることで，生のあり方を考察した者もいた。諸子百家の一人である（　3　）は，真理の世界に遊ぶ理想の境地を，真理を知らない者の卑小な考えと対比している。その際に彼は，真理への行程を旅になぞらえ，近くへの旅ならば僅かな準備で足りるが，真理へ至るには，どれほどの準備が必要だろうかと問うた。一方，ユダヤ教では，救済を願いながらこの世を生きることが旅だとみなされた。この見方を引き継ぎながら，②キリスト教では，「私は道である」と述べた（　4　）に従うことで，罪人である人間であっても真理である神のもとに行けると信じられた。また，③イスラーム教では，「水場に至る道」を意味するシャリーアに従った生活を送ることで，自分では歩むべき道がわからない人間でも救済に到達できると考えられた。人間を，④旅の途上にある存在になぞらえたこうした思想では，人間の卑小さが見据えられた上で，そうした人間の生にも，真理へと近づく可能性が認められたのである。

　実際の旅と同じく，人生という旅にも，様々な困難があるだろう。それでも，他人と出会い，真理を追求し，進むべき道を模索することの大切さを先哲は教えている。私たちも謙虚に，しかし希望を持って，人生の旅を続けていこう。

（2020センター試験・本試・改題）

問1　空欄（　1　）〜（　4　）に適する人物を答えよ。　知・技

1		2		3		4	

問2　下線部①に関連して，人間の生のあり方について説かれた様々な教えや思想の説明として最も適当なものを，次の①〜④のうちから一つ選べ。　知・技　☐

①アリストテレスによると，人間は無謀であることも臆病であることも避け，その中庸である勇気の徳を目指すべきである。

②エピクロスによると，人間は本性として快楽を追求する存在であるが，快楽を奪う死の恐怖から逃れることができない存在でもある。

③イスラーム教によると，人間は誰でも，神の規律に従って生きるべきだが，聖職者には一般信徒と異なる特別な規律が与えられている。

④荀子によると，人間は本来，利己的な存在であるため，礼を学ぶだけでは不十分であり，法律による強制なしに社会は成り立たない。

（2020センター試験・本試）

問3 下線部②に関連して，次の資料は，キリスト教の普及に貢献したパウロの言葉を生徒が書き出したものである。 a ～ c に入る語句の組合せとして正しいものを，次の①～④のうちから一つ選べ。 思・判・表 □

> **メモ**
>　パウロは，「わたしは a を恥としない。 a は， b ，信じる者すべてに救いをもたらす神の力だからです」と述べ，そして「人が義とされるのは c の行いによるのではなく，信仰による」と説いた。

① a 福音　b ギリシア人ではなく，ユダヤ人であれば　c 律法
② a 福音　b ユダヤ人をはじめ，ギリシア人にも　c 律法
③ a 律法　b ギリシア人ではなく，ユダヤ人であれば　c 福音
④ a 律法　b ユダヤ人をはじめ，ギリシア人にも　c 福音

(2021共通テスト・本試第1日程・改題)

問4 下線部③に関連して，イスラームではムスリムには5つの宗教的な実践が義務づけられているが，そのうちイスラームの救貧税にあたる，義務化されたほどこしを何というか。 知・技

（　　　　　　　）

問5 下線部④に関連して，次の文章は，トマス・アクィナスが，人間を旅人になぞらえて論じたものである。ここで，人間は，天使のように「至福にある者」および悪魔のように「(神に)断罪された者」と比較されている。この文章の内容の説明として最も適当なものを，次の①～④のうちから一つ選べ。 思・判・表 □

> 　至福*が未来のものではなく，既に現在のものであるときには，そこに希望の徳は存在し得ない。そして，それゆえに，希望は，信仰と同じく天国では消失し，その二つとも，至福にある者の内には存在し得ない。
> 　……断罪された者は，至福を可能な善いものと捉えることができない。……したがって，至福にある者にも断罪された者にも希望は存在しない。しかし，旅人には，この旅人が現世にいるとしても煉獄**にいるとしても希望が存在し得る。なぜなら，旅人はそのどちらにいようとも，至福を可能な未来のものと捉えるからである。
> 　　　　　　　　　　　　　　　　　　　　　　　　　　　（『神学大全』より）
> ＊至福：救済されて最高の幸福にある状態
> ＊＊煉獄：天国に入る前に軽微な罪が清められる場所

①断罪された者には，自分が救済されて至福に到達するという希望が存在しない。しかし，既に天国にいて至福にある者と，現世を生きていてこれから至福に到達する可能性のある者には，救済の希望が存在し得る。

②断罪された者には，至福が可能であるという希望が存在せず，至福にある者には希望も信仰も存在し得ない。しかし，現世を生きる者には，これから至福に到達することが可能であるという希望が存在し得る。

③希望は，既に現在において至福にある者には存在し得ない。しかし，現世を生きる者にも断罪された者にも，未来において至福に到達することが可能であるという希望が存在し得る。

④至福は，既に至福にある者にとっては現在のもの，現世を生きる者にとっては未来的かつ可能なもの，断罪された者にとっては不可能なものと捉えられる。しかし，希望はいずれの者にも存在し得る。

(2020センター試験・本試)

2　次の文章を読んで，下の問いに答えよ。

　「あの人のようになりなさい」と言われると，自分らしさが否定されたと反発する人も多いだろう。だが，古代より，他者の生き方を模範とし，それを自らの生き方の指針とすることに積極的な意味が見いだされてきた。

　誰かを模範にして生きるとはそもそもどのようなことなのかということは，どの文化でも重要な問いであった。①イスラーム教では，神に従った生活を送るうえで，神に正しく導かれた（　１　）の言行が，倣うべき生きた実例とされている。（　２　）は，②聖人になどなれないと嘆くのは，為すべきことを為していないだけだと批判し，仁の道を実際に体現した過去の聖人に倣うことで，人はみな聖人のようになれると説いた。また，③徳の修得は習慣づけによって可能になると考えたアリストテレスによれば，徳を身に付けるためには，実際に他者とともに生きるなかで，徳のある人に倣った行動をすることが必要である。これらの考え方からうかがえるように，人々の模範とされてきたのは理想となる生を体現した人物であり，そうした具体的な模範から人々は善き生を学ぶことができるとされた。

　それでは，善き生のための模範を必要とする人間とはどのような存在だと考えられてきたのだろうか。例えば，仏教では，（　３　）の生き方を模範として様々な戒律が定められているが，その背景には，煩悩に囚われ，欲望から離れられない人間のあり方への洞察があった。④修行を行う者は，自らの弱さへの自覚があるからこそ，正しい模範に倣い，戒律を守る努力をするのである。また，⑤パウロは，人々が自分を中心に考え，欲望のままに生きてしまう罪人だからこそ，キリストに従って生きるべきだと説いた。彼は，キリストが人間の姿で現れ，苦難を経験したことを「謙遜」と捉え，罪人である私たちも，自分を誇ることのないキリストの謙遜の姿勢を模範にすべきだと考えたのである。このように，模範となる生を求める背後には，人間が欲望に深く囚われた弱い存在だとする考え方もみられた。

　古くから人々は，善き生を体現した人物を具体的な模範にすることで，善き生を学ぶことができると考えてきた。そこには，善き生のための模範を必要とする，欲望を拭い難い人間存在への鋭い洞察もあった。私たちも優れた人間とは限らないからこそ，他者の生を模範とする生き方に学ぶべきことがあるのではなかろうか。

(2018センター試験・本試・改題)

問1　空欄（　１　）～（　３　）に適する人物を答えよ。　知・技

1		2		3	

問2　下線部①に関して，次の文章は，イスラーム教における旅についての説明である。文章中の　A　・　B　に入れる語句の組合せとして正しいものを，下の①～⑥のうちから一つ選べ。

知・技 ☐

> 　イスラーム教では，巡礼月に行われるハッジと呼ばれるメッカ巡礼が重要であり，　A　とされる。さらに，メッカ以外の聖地への参詣も行われるほか，交易や学問のための旅も神の意志にかなう行為として奨励された。
> 　このように旅に出ることが推奨されるイスラーム教では，旅人についての規定がクルアーン（コーラン）に含まれている。例えば，旅人は，五行の一つである　B　を延期することが許されている。

①　A　メッカを聖地として信じることが六信の一つ　　B　瞑想
②　A　メッカを聖地として信じることが六信の一つ　　B　断食
③　A　メッカを聖地として信じることが六信の一つ　　B　ジハード
④　A　一生に一度はハッジを行うことが五行の一つ　　B　瞑想
⑤　A　一生に一度はハッジを行うことが五行の一つ　　B　断食
⑥　A　一生に一度はハッジを行うことが五行の一つ　　B　ジハード　　(2020センター試験・本試)

問3 下線部②に関して，聖人と小人のあり方について書かれた次の荀子の文章を読み，その内容の説明として最も適当なものを，下の①〜④のうちから一つ選べ。 思・判・表

> およそ人間の性(性質)について言えば，あの聖天子の堯や禹も，暴君の桀や大盗賊の盗跖*とその性は同じであり，優れた君子も，つまらない小人とその性は同じである。今，仮に礼義(社会規範)や作為の集積が人間の生まれつきの性にそなわっているものとしてみよう。それならば，またどうして聖天子の堯や禹を尊重する理由があろうか。どうして君子を尊重する理由があろうか。そもそも堯や禹やまた一般の君子を尊重するわけは，彼らがその生まれつきの性を変えて後天的な作為を起こし，その作為が起こされた結果として礼義をつくることができたからである。……人間の性の善さというのは後天的なしわざの結果である。
>
> （『荀子』より）
>
> *聖天子の堯や……大盗賊の盗跖：いずれも孔子以前に存在したとされる人物

①優れた君子にもつまらない小人にも，あらかじめ礼義や作為が性にそなわっており，小人でも生まれつきの性を善に変えることができる。

②私たちが堯や禹を尊重する理由は，彼らの性が小人とは異なっていたからであり，彼らは小人の性を善に変える礼義をつくることができた。

③優れた君子もつまらない小人も，生まれつきの性は変わり得ないので，性の悪を抑えるために，礼義や作為が後からつくられた。

④私たちが堯や禹を尊重する理由は，彼らが生まれつきの性を後から善へと変えて，礼義をつくることができたからである。

(2018センター試験・本試)

問4 下線部③に関して，アリストテレスは徳に従って活動することによって幸福が実現されると考えた。アリストテレスは徳の論理についてどのように説いたのだろうか。 思・判・表

問5 下線部④に関して，仏教の修行法である八正道についての説明として最も適当なものを，次の①〜④のうちから一つ選べ。 知・技

①快楽と苦行を避け，中道に生きるための修行法が八正道であり，その一つである正業とは，悪しき行為を避け，正しく行為することを指す。

②快楽と苦行を避け，中道に生きるための修行法が八正道であり，その一つである正業とは，人の行為と輪廻の関係を正しく認識することを指す。

③六波羅蜜の教えに由来する修行法が八正道であり，その一つである正業とは，悪しき行為を避け，正しく行為することを指す。

④六波羅蜜の教えに由来する修行法が八正道であり，その一つである正業とは，人の行為と輪廻の関係を正しく認識することを指す。

(2018センター試験・本試)

問6 下線部⑤に関して，パウロが神から義とされるうえで重視したものは何か。 知・技

（　　　　　　　）

16 ルネサンス，宗教改革，人間性の探究

小見出しの問い
①ルネサンスとは，どのような時代だろうか。ヒューマニズムとは，どのような立場だろうか。
②ルネサンスの人間観は，どのようなものだろうか。

1 ルネサンスとヒューマニズム，人間の尊厳

(1)**中世ヨーロッパ**……キリスト教の教えに従順に従う社会の風潮

= 人々にキリスト教の教えを説くことができる教会の権威の高まり

──→これらの要因が結果的に人間性を発揮する機会の抑制につながる

(2)**ルネサンスの時代**……キリスト教以前の古代ギリシアやローマの文化の研究による人間性の回復

①人間性を重視する**人文主義**(❶　　　　　　　　　　　　)の立場から多数の文学作品や，新しい価値観が生み出される

人物名	主著	人文主義的な特徴
❷	神曲	「自由」な人間のあり方
ペトラルカ	カンツォニエーレ	近代的な恋愛(感情)観
ボッカチオ	デカメロン	人間性の解放・宗教的寛容
❸	愚神礼讃	教会や聖職者の批判
トマス・モア	ユートピア	私有財産制の否定
❹	君主論	政治と宗教の分離
❺	人間の尊厳について	**自由意志＝人間の尊厳**

②❻　　　　　　……個々の人間性が存分に発揮され，あらゆる分野に秀でた万能の天才。ルネサンス期の理想像

❼　　　　　　　　　　　　　　　　　やミケランジェロはその典型。芸術だけでなく，建築，自然科学の分野でも活躍

2 聖書中心主義，予定説

小見出しの問い
①ルターの説く信仰のあり方は，カトリックとどのようにちがうのだろうか。
②予定説とは，どのような考え方だろうか。プロテスタントとは，どのような宗派だろうか。

(1)**宗教改革**……人間性を回復する活動の一環として，教皇権力の批判や，正しい信仰のあり方を求め，腐敗した教会組織の改革をめざした

(2)**ルター**……**聖書中心主義**を主張。ローマ・カトリック教会による❽　　　状の乱売を批判し，「95か条の論題」を掲げて論争を挑む

①❾　　　　　　説……罪ある人間は信仰によってのみ救われる

②❿　　　　　　説……神を信じる信者は誰もが祭司の資格をもつ

③⓫　　　　　　観……職業は神からあたえられた尊ぶべき使命

(3)**カルヴァン**……神の絶対性を強調し，教会の権威を否定

①⓬　　　　　説……人間の救済は神の意志として決定されている

②ルター同様，⓫　　　　　　観をとる

──→獲得された利益は神への奉仕の結果として肯定

ウェーバーは世俗利益の肯定が資本主義の精神的基盤になったと指摘

(4)⓭　　　　　　　　　　(抗議する者)……ルターやカルヴァンの主張を支持し，カトリック教会に対抗した人々

③ ク・セ・ジュ？，考える葦

(1)宗教改革以降，カトリックとプロテスタントの対立は戦争にまで発展

   ↓社会を支える基盤であった思想が悲惨な争いをもたらす結果に

  人間の本来のあり方を探究する❹_____が出現

(2)❺_____……「私は何を知っているのか（**ク・セ・ジュ？**）」という❻_____の精神によって謙虚に真理を探究する姿勢を示す。主著『エセー（随想録）』で人間の独断や傲慢を批判

(3)❼_____……物理学者，数学者としても有名。著書『パンセ』

  ①不安定な❽_____としての人間観を提唱

  ②人間は一茎の葦にすぎないが，「❾_____」である

    ──→ 人間の尊厳は「考えること」のうちにある

  ③人間が真理を得るためには，❿_____**の精神**だけでは不十分

    ──→ ⓫_____**の精神**が必要

小見出しの問い

①「ク・セ・ジュ」とは，どのような精神だろうか。

②「人間は考える葦である」とは，どのような人間観を示したことばだろうか。

ステップアップ≫

1 教科書p.73「📖 人間の尊厳について」を読み，人間にもっとも重要なものとは何だろうか，考えよう。

2 教科書p.79「📖 パンセ」を読み，考えることは，なぜ人間を偉大にするのだろうか，考えよう。

3 モラリストを代表する人物にモンテーニュがいる。彼の思想の説明として最も適当なものを，次の①〜④のうちから一つ選べ。

  ①人間は，「私は何を知っているか」と問い，謙虚に自己吟味を行うことによって，自らに潜んでいる偏見や独断から脱することができる。

  ②人間は，単に行為するだけにとどまらず，行為の正不正に関する道徳的判断をも下す存在だが，この判断は知性ではなく，感情の働きである。

  ③人間は，生の悲惨さを自ら癒すことができないために，娯楽や競争などの気晴らしに逃避して，気を紛らわそうとする。

  ④人間は，自由意志に従うと「堕落した下等な被造物」にもなり得るため，自由意志の上位に信仰をおくことによって正しき者になる。

(2017センター試験・本試)

4 ウェーバーは，なぜカルヴァンの思想が近代資本主義の発達を促したと考えたのか，50字以内で説明せよ。

17 科学革命の時代，経験論と合理論①

1 神の栄光をたたえる科学革命，自然科学の方法

(1)**科学革命**……近代科学の誕生，成立過程をあらわすことば

──産業革命を経て，現代の科学技術を生みだす契機となる

①❶　　　　　　　　　　　　　　……**地動説**を提唱＝科学革命の発端

②❷　　　　　　　　　　　　　……楕円軌道などの惑星の運動法則を発見

③❸　　　　　　　　　　　　……近代科学の方法論を確立。『天文対話』

④ニュートン……❹　　　　　　　　　　の法則を発見。『プリンキピア』

(2)中世カトリック教会の世界観との対立

キリスト教神学の根拠……**天動説**とスコラ哲学（神秘的・抽象的）

──科学革命によって経験論や合理論が台頭（実証的・合理的）

(3)自然科学の方法

①仮説を立てる──**観察**・観測・❺　　　　　　　によって法則性を見いだす

②アリストテレスの目的論的自然観からの転換──自然を物理的因果関係から数学的に説明する❻　　　　　　**自然観**を重視

2 イギリス経験論－帰納法，4つのイドラ

(1)❼　　　　　　　　　　　　　　　　　　……イギリス経験論の祖

①著書：『❽　　　　　　　　　　　　　（新機関）』

学問の目的：❾　　　　　　の法則をとらえることで❾　　　　　　を支配

「❿　　　　　　　　　　　」のことばに要約される

(2)⓫　　　　　**法**……実験や観察で得た経験的事実から一般法則を導く方法

知識を得るために自然を観察するという**経験**を重視

↓個別的に観察された経験的事実を数多く収集

比較・分類し，共通する一般的法則を発見する

(3)**イドラ**……自然法則を知ろうとするとき，私たちにつきまとう先入観

──**4つのイドラ**を排除し，観察や実験を通して確実な知識を積み重ねる

①⓬　　　　　**のイドラ**：人間に共通する先入観（感覚的錯誤など）

②⓭　　　　　**のイドラ**：個人の性質や生活環境に由来する先入観

③⓮　　　　　**のイドラ**：言語の不適当な使用によって生じる先入観

④⓯　　　　　**のイドラ**：伝統や権威ある学説をうのみにして生じる先入観

3 経験論の展開

(1)⓰　　　　　　　……イギリス経験論を確立

生得観念を否定。人間の心は⓱　　　　　　（**タブラ・ラサ**ともいわれる）であり，経験によってさまざまな観念が書きこまれていく

(2)⓲　　　　　　　　　……知覚による経験を重視

「存在することは知覚されることである」──実体として存在するのは精神のみ，物体の存在は否定

(3)⓳　　　　　　　　……人間の経験（知覚）以外に存在するものはない

人格や自我の同一性は虚構にすぎない（心とは流れゆく「**知覚の束**」）

↓因果関係は客観的な法則ではない

懐疑論にもとづいて経験論を徹底。カントに大きな影響

....

....

....

ステップ アップ≫

1 教科書p.81「🖥 実験による自然の研究」を読み，ニュートンはどのような科学をつくりだそうとしたのか，考えよう。

2 教科書p.83「🖥 知は力なり」を読み，ベーコンにとって「自然を支配する」とはどのようなことだろうか，考えよう。

3 近代自然法思想が登場する時代の特徴として，自然や宇宙についての見方が大きく変わったことがあげられる。近代における自然観や宇宙観についての記述として最も適当なものを，次の①〜④のうちから一つ選べ。

①地球は宇宙の中心にあって，諸天体がその周りを回転していると考えられていたが，近代になるとピコ＝デラ＝ミランドラが，地球を始めとする惑星が太陽の周囲を回転しているという地動説を説いた。

②宇宙は神が創造した有限な全体であると考えられていたが，近代になるとレオナルド＝ダ＝ヴィンチが，宇宙は無限に広がっていて，そこには太陽系のような世界が無数にあるという考え方を説いた。

③アリストテレスによる目的論的自然観が支配的であったが，近代になるとケプラーが惑星の運動法則を，ニュートンが万有引力の法則を発見し，ともに自然には数量的な法則性があると説いた。

④錬金術師たちが自然について試行錯誤的に魔術的な実験を行っていたが，近代になるとデカルトが，実験・観察による帰納的な方法を用いて自然についての知識を得ることで，自然を支配できると説いた。

(2007センター試験・本試)

4 ベーコンの著作と思想の説明として正しいものを，次の①〜④のうちから一つ選べ。

①『プリンキピア』を著し，地上から天体までのあらゆる自然現象の運動を説明し得る根本原理を発見することで，古典力学を確立した。

②『プリンキピア』を著し，理性を正しく確実に用いることによって普遍的な原理から特殊な真理を導き出す演繹法を提唱した。

③『ノヴム・オルガヌム』を著し，事実に基づいた知識を獲得する方法として，経験のなかから一般的法則を見いだす帰納法を重視した。

④『ノヴム・オルガヌム』を著し，懐疑主義の立場から，自己の認識を常に疑う批判精神の重要性と，寛容の精神の大切さを説いた。

(2015センター試験・本試)

5 ベーコンがイドラを排除すべきと考えたのは，なぜだろうか。帰納法に言及し，50字以内で説明せよ。

●**エピソード**● 帰納法は一見すると客観的な手法に見えるが，集めたサンプルの量に結果が左右されやすく，一つの例外によって真理が根底から覆されやすいなど，完全な手法ではないことを理解する必要がある。

18 経験論と合理論②

方法的懐疑とは，どのような懐疑だろうか。

1 大陸合理論－方法的懐疑

(1)**デカルト**……大陸合理論の祖。著書『方法序説』

①確実な真理……**理性(❶   )** によって把握される明晰判明なもの

②**❷**   ……確実な真理を探究するための方法。少しでも疑わしいものを虚偽として排除

↓どのように疑っても疑うことができないものがある

「疑っている私」＝「**❸**   」は疑うことができない

「**❹**   」(コギト・エルゴ・スム)＝確実で疑うことのできない哲学の第一原理

(2)**❺**   **法**……帰納法とともに近代科学の発展を推進した論証方法

確実な原理を出発点として，論理的思考(推論)を進める

──→個々のできごとや事物の存在が確実(真理)であることを証明

2 機械論的自然観

デカルトは，どのような自然観を説いたのだろうか。

(1)**❻**   ……確実な根拠から合理的な思考をする主体

──→**❼** **の精神**をもって主体的にものを考える人間

(2)**❽**   **論**……精神と**❾**   は独立した存在

①精神の本質(固有の性質)……思惟(考えること)にある

②**❾**   の本質……延長(量的な広がり)にある

(3)**機械論的自然観**

①思考する主体としての**❻**   の存在を強調

②自然界の**❾**   ：部品を組み合わせてできた機械のようなもの

──→分解したり，組み立てたりして人間の生活に役立てることができる

3 合理論の展開

合理論はデカルト以後，どのように発展したのだろうか。

(1)大陸合理論の展開……デカルトの**❽**   論を克服し，ただ一つの実体によって，世界のあり方を説明しようとする方向に向かう

(2)**❿**   ……主著『エチカ』

①自然は神そのもののあらわれであり(**神即自然**)，あらゆるできごとは神に起因するという**⓫**   **論**を説く

──→すべての事物や現象には神が表現され，「**永遠の相の下に**」存在する

②神の超越性を否定する無神論ともみなされる……異端としてユダヤ教団から破門され，孤高の哲学者として生涯を送る

(3)**⓬**   ……主著『モナドロジー(単子論)』

宇宙は**⓭**   (単子)の集合体で，それぞれの**⓭**   は神によってあらかじめ調和のとれたものとして創造されたと主張

──→**⓮**   **説**

1 教科書p.84「📖 われ思う，ゆえにわれあり」を読み，なぜ，「私」が哲学の出発点となるのだろうか，考えよう。

2 デカルトの言葉として正しいものを，次の①〜④のうちから一つ選べ。

①人間の知識と力は合一する。

②事物を永遠の相のもとに観想する。

③この宇宙の沈黙は私を震撼させる。

④良識はこの世で最も平等に分配されている。

(2012センター試験・本試)

3 デカルトの哲学について述べた次の文章を読み， 　a　 〜 　c　 に入れる語句の組合せとして正しいものを，下の①〜⑧のうちから一つ選べ。

　『方法序説』の冒頭で「　a　 はこの世で最もよく配分されている」と述べたデカルトは，誰もがそれを正しく用いることによって，真に確実な知識を得ることができると考えた。彼は，すべてを疑った結果，疑い得ない真理として，「私は考える，ゆえに私はある」という命題に到達した。この原理を確実なものとして，そこからデカルトは他の真理を論証して導き出そうとした。このような論証の方法は 　b　 と呼ばれる。

　デカルトは，さらに考察を進め，精神が明晰判明に認識するものとして，物体の存在も認めたが，精神の本質が考える働きであるのに対し，物体の本質は 　c　 だとした。彼によれば，身体は自ら考えることはないため，物体にほかならない。

① a 良識　b 帰納法　c 質料　　　② a 良識　b 帰納法　c 延長

③ a 良識　b 演繹法　c 質料　　　④ a 良識　b 演繹法　c 延長

⑤ a 悟性　b 帰納法　c 質料　　　⑥ a 悟性　b 帰納法　c 延長

⑦ a 悟性　b 演繹法　c 質料　　　⑧ a 悟性　b 演繹法　c 延長

(2016センター試験・追試)

4 実体について考察したライプニッツの説明として最も適当なものを，次の①〜④のうちから一つ選べ。

①実体とは不滅の原子のことであり，世界は原子の機械的な運動によって成り立っていると考えた。

②存在するとは知覚されることであるとして，物体の実体性を否定し，知覚する精神だけが実在すると考えた。

③世界は分割不可能な無数の精神的実体から成り立っており，それらの間にはあらかじめ調和が成り立っていると考えた。

④精神と物体の両方を実体とし，精神の本性は思考であり，物体の本性は延長であると考えた。

(2017センター試験・追試)

5 デカルトが唱える「方法的懐疑」について，50字以内で説明せよ。

●エピソード● デカルトは道徳について，確実な道徳が確立するまでの間に従うべき「暫定的道徳」を説いている。一見普遍的に見える道徳についても，徹底して疑うことを貫いたデカルトの思想が垣間見える。

19 社会契約の思想

自然法とは，どのような考え方だろうか。一般的な「法律」とは，どうちがうのだろうか。

1 社会契約説と自然法思想

(1)❶＿＿＿＿＿＿＿＿説……国王の権力は神からあたえられたものとする説。絶対王政期に国王の権力を正当化

┃ルネサンスや宗教改革を経て，人文主義にめざめた人々は，新たな社会の
┃あり方を模索
▼

(2)❷＿＿＿＿＿＿＿＿説の登場……身分制社会を否定し，社会は自由で平等な個人の契約によると主張。❸＿＿＿＿＿＿法思想の影響

ホッブズは，なぜ，国家を必要としたのだろうか。

2 万人の万人に対する闘争

(1)❹＿＿＿＿＿＿＿＿（イギリス）……社会契約説の理論的枠組みを創出

①著書『❺＿＿＿＿＿＿＿＿＿＿＿＿＿』

②人間は「自己保存の欲求」があり，それを自由に充足できる❻＿＿＿＿
　が生まれながらにあたえられている

┃各人が❻＿＿＿＿＿＿＿を無制限に行使する**自然状態**
┃＝「❼＿＿＿＿＿＿＿＿＿＿**闘争**」として描く
▼
❻＿＿＿＿＿＿＿を特定の人や合議体に❽＿＿＿＿＿し，服従することを
約束（**社会契約**）する＝結果として絶対王政を擁護

ロックの社会契約論は，どのような点で民主政治の基礎となったのだろうか。

3 民主制と抵抗権

(1)❾＿＿＿＿＿＿＿＿（イギリス）……絶対的な国家権力を否定，民主政治の基礎を築く。アメリカ独立宣言，フランス人権宣言に影響

①著書『❿＿＿＿＿＿＿＿＿＿』……❷説についてとりあげる

②自然状態＝自由で平等な状態。❹＿＿＿＿＿＿＿＿＿＿とは異なる

③理性への信頼──▶絶対的な国家権力は不要

　国家は各人の❻＿＿＿＿＿＿＿を確実なものにするためにのみ必要

　──▶各人が「相互に同意する契約」を結び，政府に統治を⓫＿＿＿

　政府が❻＿＿＿＿＿＿を侵害──▶国民は⓬＿＿＿**権**，**革命権**を行使

④⓭＿＿＿＿＿＿＿＿＿＿＝主権はあくまでも国民の側にある

ルソーが理想とした社会は，どのようなものだったのだろうか。

4 自然に帰れ

(1)⓮＿＿＿＿＿＿＿＿（フランス）……フランス革命に大きな影響

①著書『⓯＿＿＿＿＿＿＿＿＿＿＿』……日本では中江兆民が翻訳

②自然状態＝❾＿＿＿＿＿が考える以上に自由，平和な状態

　↓⓰＿＿＿＿＿の私有にもとづく支配と服従の関係が不平等な社会を形成

　「⓱＿＿＿＿＿＿＿＿＿＿＿」ということばがのちに使われる

③理想状態に近い国家として⓲＿＿＿＿**民主制**を構想

　──▶公共の利益をめざす⓳＿＿＿＿**意志**を法律として制定

　　個々人の私利私欲を追求する⓴＿＿＿＿**意志**は排除

　──▶❾＿＿＿＿＿の理論をこえ，㉑＿＿＿＿＿＿＿の理論となる

5 百科全書派

(1)18世紀のフランス……多くの**啓蒙思想家**が旧体制を克服しようと試みる

啓蒙主義……理性を信頼し，無知や偏見から人間を解放しようとする運動

(2)**モンテスキュー**……著書『法の精神』で，国家権力を立法権・執行権・裁判権に分離し，権力の抑制と均衡をはかる❷❷   を主張

(3)❷❸   ……教会の独断主義を批判，宗教的寛容の精神を説く

(4)**百科全書派**……❷❹   や**ダランベール**など，『**百科全書**』にかかわった啓蒙思想家。人間理性の成果の集大成を広める

小見出しの問い

百科全書は，何のために編集されたのだろうか。

ステップ アップ

1 教科書p.89「📖 真の自由」を読み，ルソーにとっての自由とは何だろうか，考えよう。

2 教科書p.90「📖 人間の知識を明らかにする」を読み，『百科全書』がめざしたものは何だったのか，考えよう。

3 社会契約説を唱えたホッブズとロックの思想の説明として適当でないものを，次の①〜④のうちから一つ選べ。

①ホッブズによれば，人間は，自然状態では，自己保存の欲求に基づいて自由に行動するので，互いに狼のように争ってしまう。そこで，互いの安全を図るため社会契約を結ぶ必要がある。

②ロックによれば，人間は，他人を思いやる良心をそなえているので，内的制裁によって利己的な行為を抑えるものである。しかし，それだけでは自然権の保障は確実ではないため，社会契約を結ばなければならない。

③ホッブズによれば，自然権を譲渡された個人ないし合議体は，リヴァイアサンのような強大な権力をもつべきである。そして，人民はこの権力に服従しなければならない。

④ロックによれば，最高権力である主権はあくまでも人民にある。それに対し，政府の役割とは，もともと人民のもつ，生命や財産などの権利を保障することである。　　（2018センター試験・追試）

4 旧体制（アンシャン・レジーム）に関連して，当時のフランス社会を批判した思想家についての記述として正しいものを，次の①〜④のうちから一つ選べ。

①ディドロは，様々な国家制度を比較し，立法権・執行権・裁判権が互いに抑制し均衡をはかるシステムの重要性を認識し，それを欠いたフランスの専制政治を批判した。

②モンテスキューは，フランス政府からの度重なる発禁処分にもかかわらず，様々な学問や技術を集大成した著作を出版するとともに，人民主権の立場から，封建制を批判した。

③ヴォルテールは，書簡形式の著作において，イギリスの進歩的な政治制度や思想をフランスに紹介することを通じて，フランスの現状が遅れていることを批判した。

④パスカルは，人間が生まれながらにもつ自然な感情である憐れみの情が，文明の発展とともに失われていくと分析し，不平等と虚栄に満ちたフランス社会を批判した。　　（2013センター試験・本試）

5「自然権」について，40字以内で説明せよ。

20 人格の尊厳と自由

①　理性の批判，コペルニクス的転回

(1)カントの**批判哲学**……❶＿＿＿＿＿の能力や限界を吟味し，人間本来の❷＿＿＿＿＿はどのようなところに成立するのかを明らかにしようとした

(2)カントの認識論……❶＿＿＿＿＿の認識能力について「私は何を知ることができるか」という観点から吟味

> ①❸＿＿＿＿＿……空間や時間という直観の形式に従って対象の多様な印象を受けとる能力──無秩序な認識の素材となる
>
> ②❹＿＿＿＿＿……量・質・関係・様相という思考の枠組み(カテゴリー)に従って整理。概念を形成する**ア・プリオリ**(先天的)なはたらき
>
> ──人間は対象そのもの(❺＿＿＿＿＿)を認識できない。❸＿＿＿＿＿が触発されて，受けとられた素材を❹＿＿＿＿＿が再構成

↓

❸＿＿＿＿＿の直観を出発点としつつ，人間があらかじめもつ❹＿＿＿＿＿という能力を重視した点で，経験論と合理論の対立を統合しようとした

(3)**コペルニクス的転回**

①従来の認識：「❻＿＿＿＿＿が❼＿＿＿＿＿に従う」

外界の対象が心の内にそのまま写し出されることで認識する

②カントの発想：「❼＿＿＿＿＿が❻＿＿＿＿＿に従う」

❶＿＿＿＿＿のはたらきによって❼＿＿＿＿＿が再構成されて認識する

──このカントの考え方を**コペルニクス的転回**とよぶ

②　道徳法則と義務

(1)❽＿＿＿＿＿**理性**……経験によってとらえられる現象を認識する理性

↓神や人間の自由など経験領域をこえたものは探究できない

私たちの行為を規定する❾＿＿＿＿＿**理性**にかかわる領域

(2)❾＿＿＿＿＿**理性**……❿＿＿＿＿を実践しようとする道徳的な理性能力。行為の善悪を判断し，⓫＿＿＿＿＿な**道徳法則**に従って行為するように命じる

(3) 2つの命法

①⓬＿＿＿＿＿**命法**……誰もが無条件に従うべき道徳法則の形式

「あなたの意志の⓭＿＿＿＿＿が，つねに同時に普遍的立法の原理となるように行為せよ」

②⓮＿＿＿＿＿**命法**……目的や願望を実現するための条件つきの命法。他律的な命法で，道徳法則の形式とはなりえない

(4)人間の❷＿＿＿＿＿……❾＿＿＿＿＿理性の命令に従うところに成立

＝**意志**の⓯＿＿＿＿＿があってはじめて成立

──カントは，行為の結果ではなく，⓰＿＿＿＿＿を重視

③ 人格の尊厳

(1) ⑰　　　　　　……道徳法則に⑮　　　　　　的に従って行為する自由な主体

(2) 人間としての**尊厳**……私たちが⑰　　　　　　として存在するところにある

(3) 「⑱　　　　　　」……理想的な共同体を構想

　—→人類が道徳法則に従って，すべての人々の⑰　　　　　　を尊重し，その
　　　ことを目的に行動することを重視

　—→すべての国家がたがいを目的として尊重することで**永遠平和**が実現され
　　　るとした

小見出しの問い

なぜ，人格は尊ばれるべきなのだろうか。

．．．．．．．．．．．．．．．．．

．．．．．．．．．．．．．．．．．

．．．．．．．．．．．．．．．．．

．．．．．．．．．．．．．．．．．

．．．．．．．．．．．．．．．．．

ステップ アップ≫

■1 教科書p.94「■ 永遠平和のために」を読み，カントはどのようにして世界平和が実現されると考えたのか，考えよう。

■2 カントの人間観についての説明として最も適当なものを，次の①〜④のうちから一つ選べ。□

①人間は，自由となるべく運命づけられている存在であり，自由でないことを選択することはできない。このように自由という刑に処せられている人間は，逃れようもなく孤独である。

②人間は内省によって自己を捉えるのではない。人間は，現実の世界に働きかけて自己の理想のうちに表現し，矛盾を克服しながら自己を外化していく存在である。

③人間は，自己の利益を追求して経済競争を行う。しかし，この利己的な人間同士の競争は，共感に媒介されることで，おのずと社会全体に利益をもたらすことになる。

④人間は，純粋に善をなそうとする善意志をもつ。人間の道徳的な行為は，よい結果がもたらされるかによって評価されるべきではなく，善意志が動機になっているかで評価されるべきである。

(2017センター試験・追試)

■3 カントの批判哲学についての記述として正しいものを，次の①〜④のうちから一つ選べ。□

①合理論と経験論の一面性を乗り越えるべく，両者の立場を総合して，人間が物自体を理性によって認識できると論じた。

②ヒュームの著作に影響を受け，自然科学の客観性を疑問視して，その基礎にある因果関係が主観的な信念であると論じた。

③ロックの著作に影響を受け，人間の霊魂や神など，人間が経験できる範囲を超えた対象については，その存在を否定できると論じた。

④認識が成立する条件を考察し，人間の認識は，認識の素材を受け取る能力と，その素材を整理し秩序づける能力の両者から生じると論じた。

(2013センター試験・本試)

■4 カントが提唱する「目的の国」とは，どのような共同体をさすのか，50字以内で説明せよ。

●エピソード● カントは，永遠平和を人々に課せられた使命であると考えた。著書『永遠平和のために』で，戦争という「人格」を破壊する行為の予防方法は，後の国際連盟や国際連合などに応用される先駆的理念となった。

45

21 人倫と自由の実現

小見出しの問い
ヘーゲルにとって，歴史と自由は，どのように結びつくのだろうか。

1 自由の実現と歴史

(1)**ヘーゲル**……❶ 　　　　　　　　　　　　　**論**の完成者

　──❷ 　　　　　　　がいかに実現されるかを歴史から考察

　①「世界史は❷ 　　　　　　の意識の進歩である」

　②歴史の原動力＝個人を貫く❸ 　　　　　のはたらき

　　　　　　　　　　＝❹ 　　　　**精神**──❷ 　　　　　　の実現が目的

　③「理性的なものは❺ 　　　　　的であり，❺ 　　　　　　的なものは理性的である」

(2)カントとヘーゲルの自由と理性に対する考え方

	カント	ヘーゲル
自由	自分自身が❻ 　　　　**法則**に従う自律としての自由	❼ 　　　　　的な法や制度として具体化されるべきもの
理性	個人を❻ 　　　　　的な行為へと導く力	❽ 　　　　　をつき動かし，現実の社会に自由を実現

小見出しの問い
弁証法とは，どのような思考方法だろうか。

2 弁証法

(1)❾ 　　　　**法**……自由の実現をめざす歴史の運動を法則化したもの

　特色……運動や発展は❿ 　　　　　や対立がなければ起こらない

　　　　　　　　　　　　　　合（ジンテーゼ）

　　　　　　　　　　　　　　：⓫ 　　　　　　により生み出されたもの

　　　　　　　　　　　　　　　　　↑

　　　　　　　　　　　　⓫ 　　　　（アウフヘーベン）

　　　　　　　　　　　　：❿ 　　　　　や対立を乗りこえ，より高次の考え方を生み出すこと

　　　　　　　　　　　　⓬ 　　　　（アンチテーゼ）

　　　　　　　　　　　　：正と❿ 　　　　　や対立するもの

　　　　　　　　　　　　　　　↑

　　　　　　　　　　　　正（テーゼ）：現実に存在するもの

（図中）合　⓫　正＝合　❿・対立　⓬　正　⓫　正　❿・対立　⓬

小見出しの問い
ヘーゲルの人倫とは，何だろうか。

3 人倫と自由の実現

(1)⓭ 　　　　……個人の⓮ 　　　　　と社会の⓯ 　　　　との❾法的統合

　──⓰ 　　　　・市民社会・⓱ 　　　　　の三段階の形をとりながら発展

⓰	婚姻によって成立する自然の共同体
市民社会	個人の欲求や利益の追求を目的
	──「⓲ 　　　　**の体系**」，「⓭ 　　　　　の喪失態」
↓⓰ 　　　　と市民社会とを⓫ 　　　　し統合	
⓱	最高の共同体，個人の利益と全体の利益を⓳

1 教科書p.97「📖 歴史哲学講義」を読み，ヘーゲルにとって，世界史における個々の民族と自由は，どのように関係するのだろうか，考えよう。

2 教科書p.98「📖 個人と国家」を読み，ヘーゲルによれば，個人にとって国家とはどのような存在だろうか，考えよう。

3 人倫という概念で道徳を捉え直した思想家にヘーゲルがいる。ヘーゲルの人倫についての説明として最も適当なものを，次の①～④のうちから一つ選べ。

①欲望の体系である市民社会のもとでは，自立した個人が自己の利益を自由に追求する経済活動が営まれるなかで，内面的な道徳も育まれるために，人倫の完成がもたらされる。

②人間にとって客観的で外面的な規範である法と，主観的で内面的な規範である道徳は，対立する段階を経て，最終的には，法と道徳を共に活かす人倫のうちに総合される。

③国家によって定められる法は，人間の内面的な道徳と対立し，自立した個人の自由を妨げるものなので，国家のもとで人々が法の秩序に従うときには，人倫の喪失態が生じる。

④夫婦や親子など，自然な愛情によって結び付いた関係である家族のもとでは，国家や法の秩序のもとで失われた個人の自由と道徳が回復され，人倫の完成がもたらされる。

(2018センター試験・本試)

4 次の文章は，カントとヘーゲルの「自由」をめぐる考え方についての説明である。文章中の　**A**　・　**B**　に入れる語句の組合せとして正しいものを，下の①～⑥のうちから一つ選べ。

　カントによれば，人間は，感性的存在としては「自然法則」に支配されているが，理性的存在としては「道徳法則」に自ら従うことができる。彼は後者のあり方を　**A**　と呼び，これこそが人間が享受し得る真の自由であるとした。

　他方でヘーゲルは，個々人の内面的な判断の中に自由の根拠を求めるカントの立場を批判し，「最高の　**B**　が最高の自由である」という観点に基づきつつ，個々人が内的に判断する道徳と，人間関係を外的に規制する法との対立を止揚した「人倫」の中に，真の自由が実現する可能性を見いだした。

①	A	意志の自律	B	自立性	②	A	意志の自律	B	共同性
③	A	意志の自律	B	功利性	④	A	意志の格率	B	自立性
⑤	A	意志の格率	B	共同性	⑥	A	意志の格率	B	功利性

(2020センター試験・本試)

5 ヘーゲルの「弁証法」がどのような思考方法であり，どのような特徴を有しているのか，50字以内で説明せよ。

●エピソード● ヘーゲルは，ある時代が終わった後に，その時代の思想を学び，次の時代へと飛躍するあり方を，日中に知を得て，夕暮れに飛び回るローマ神話のミネルヴァという女神が飼っていたフクロウにたとえた。

22 功利主義の思想，実証主義と進化論

小見出しの問い
アダム・スミスがめざした幸福とは，どのようなものだったのだろうか。

1 幸福の追求

(1) 18世紀後半の産業革命期(イギリス)……自由放任(レッセ・フェール)の思想の広まり

(2) **アダム・スミス**(イギリス)……「公平な観察者」の「同感(共感)」を重視

「正義の法」を犯すことのない「フェア・プレイ」にもとづく私益の追求により，神の「❶　　　　　　　　　　　　」に導かれるように公共の利益を促進

(3) ❷　　　　　**主義**の思想……よき社会はそこに暮らす人々の❸

が増大する社会

小見出しの問い
ベンサムは，なぜ，幸福を計算することができると考えたのだろうか。

2 最大多数の最大幸福

●❹　　　　　　　　　(イギリス)……❷　　　　　　　　主義の確立

(1) 私たちは❺　　　　　　(幸福)を求め，苦痛(不幸)を避けようとする

　①快苦は行為の❻　　　　　　　　　　(**制裁**)としてはたらく

　　❻　　　　　　　　　　　　　を物理的，政治的，道徳的，宗教的に分類

　②より多くの❺　　　　　　をもたらす行為＝よい行為←カントとの違い

　　──→❼　　　　　　　　　　＝すべての❺　　　　　　は量として計算可能

　③もっともよい行為は，できる限り多くの人々に，できる限り多くの幸福をもたらすこと

　　──→「❽　　　　　　　　　　　　　　　」＝功利の原理

(2) 功利の原理──→❾　　　　　　　　　の主張につながる

　　　　　　「すべての人を等しく一人として数えなければならない」

小見出しの問い
ミルは，ベンサムのどのような考え方を修正しようとしたのだろうか。

3 不満足なソクラテス

●❿　　　　　　　(イギリス)……❷　　　　　　　主義の修正と発展

(1) **質的**❷　　　　　**主義**……幸福は⓫　　　　　として計算できず，⓬　　　　的に異なる。⓫　　　　としては表せない⓭　　　　　的な幸福がある

「満足した豚よりも，不満足な人間である方がよく，満足した愚か者であるよりも不満足な⓮　　　　　　　　　　の方がよい」

(2) 道徳の面では，ベンサムが重視しなかった⓯　　　　　　を重視

　❷　　　　　　主義道徳の理想＝キリスト教の「⓰　　　　　　　　」

　──→「人にしてもらいたいと思うように他人のためにし，わが身を愛するようにあなたの⓱　　　　　　を愛しなさい」

(3) ⓲　　　　　　　の原則……他者に危害をおよばさない限り，個人の自由は最大限尊重されるという原則

小見出しの問い
社会全体の幸福とは，どのようなものだろうか。

4 よく生きるための幸福

(1) 「よく生きる」ためには幸福がその条件となる

　❷　　　　　　主義の視点＝社会全体の幸福に注目している

　──→他者の不幸の上に成り立つ幸福は「よく生きる」ことにならない

(2)日本国憲法への反映

　「生命，自由及び幸福追求に対する国民の権利」について

　　——⑲＿＿＿＿＿＿＿＿＿＿に反しない限り，最大の尊重を必要とする

[5] 社会学と進化

■小見出しの問い
コントやダーウィンは，人間とその社会をどのようにとらえたのだろうか。

(1)**コント（フランス）**……⑳＿＿＿＿＿＿**主義**を唱える

　人類の知識は，神学的段階，形而上学的段階，実証的段階があり，事実にも

とづいて立証される法則だけを真理と認める——㉑＿＿＿＿**学**を創始

(2)㉒＿＿＿＿＿＿＿＿の**進化論**……自然の選択（**自然淘汰**）により種は

多様化——自然科学のみならず宗教界，その後の社会思想にも影響

(3)㉓＿＿＿＿＿＿＿＿（イギリス）……社会はさまざまな機能やシステ

ムが相互に結びつく有機体であるとする**社会有機体説**を提唱

　　——有機体としての社会は，適者生存の原理により，生物と同様に進化する

　　　という㉔＿＿＿＿＿＿**論**を提唱

ステップ アップ

❶教科書p.101「📖 功利性の原理」を読み，功利性と幸福とは，どのような関係にあるのか，考えよう。

❷個人と社会とのあるべき関係を追求した社会思想に功利主義がある。この功利主義を唱えた思想家の説明として最も適当なものを，次の①〜④のうちから一つ選べ。　　　　　□

①ベンサムは，快を幸福とし苦痛を不幸としたうえで，その快苦を数量化し，社会全体の幸福の最大化を目指そうとしたが，最終的には快楽計算は不可能であると考えた。

②ベンサムによれば，個々人は利己的に振る舞いがちであり，利己的振る舞いを社会全体の幸福に一致させるためには，政治的制裁などの外的な強制力が必要である。

③ミルは，快に質的差異があることを認めたが，人間には感性的な快を求める傾向性があるので，万人に等しく分配されている良識によって自らを律することが大切であると考えた。

④ミルによれば，人間は精神的に成長するものであり，自らの良心の呼び声によって，頽落（たいらく）した世人から本来的な自己に立ち返り，利他的に振る舞うようになる。

(2017センター試験・追試)

❸ミルが主張した「他者危害の原則」とはどのような原則か，50字以内で説明せよ。

23　社会主義の思想

小見出しの問い
空想的社会主義と科学的社会主義とのちがいは，どこにあるのだろうか。

1　社会主義のはじまり

(1)産業革命の進行━━●＿＿＿＿＿＿＿主義の発展━━貧富の差が拡大

　↓労働者層の非人間的な生活＝人間❷＿＿＿＿＿＿＿を余儀なくされる

(2)**社会主義の先駆者**……●＿＿＿＿＿＿主義の欠点を克服しようと，自由より

　平等に重点をおいた社会を構想

　①❸＿＿＿＿＿＿＿＿＿＿＿（イギリス）……アメリカで理想の共同社会の建

　　設を試みた

　②**サン＝シモン**（フランス）……資本家と労働者による社会の管理をめざす

　③**フーリエ**（フランス）……農業を中心とした共同体ファランジュを提唱

　━━●＿＿＿＿＿主義の本質を構造的にとらえられず，❹＿＿＿＿＿＿社

　　会主義とよばれる

小見出しの問い
マルクスとエンゲルスは，労働が非人間的なものになる理由をどのように説明しているのだろうか。

2　科学的社会主義

●**マルクス**……著書『❺＿＿＿＿＿＿＿＿＿』（資本家の搾取の構造を分析）

(1)資本家と労働者層の格差が生じる理由

資本家	生産❻＿＿＿＿＿＿をもつ
	━━労働者が生産したものが自らの資産となる
労働者	生産❻＿＿＿＿＿＿をもたない
	━━労働力を売る（**労働力の商品化**）ことで賃金を得る
	強制された労働＝労働の❷

　①生産❻＿＿＿＿＿の私有という資本主義のしくみが原因

　②生産❻＿＿＿＿＿の❼＿＿＿＿＿化＝社会主義社会の建設

　━━人間は本来，労働を通じて他者と連帯して生きる**類的存在**

(2)❽＿＿＿＿＿**史観**……ヘーゲルの❾＿＿＿＿＿法を応用

　①「歴史はつねに❿＿＿＿＿＿**闘争**の歴史である」

　　歴史の原動力＝物質的な生産力，生産力の発展とともに**生産関係**が形成

　　　━━⓫＿＿＿＿＿**構造**：政治，法律，芸術，宗教など

　　　━━⓬＿＿＿＿＿**構造**：経済的な生産関係

小見出しの問い
レーニンや毛沢東の社会主義の特徴は，どこにあるのだろうか。

3　社会主義体制の国家

(1)⓭＿＿＿＿＿＿……ロシア革命（1917年）を指導

　━━⓮＿＿＿＿＿＿社会主義共和国連邦の成立（1922年）

(2)⓯＿＿＿＿＿……中国で新民主主義革命

　━━中華人民共和国の成立（1949年）

小見出しの問い
非マルクス主義的な社会主義は，どのような点でマルクス主義と異なるのだろうか。

4　フェビアン社会主義と社会民主主義

(1)**フェビアン社会主義**……福祉政策や主要産業の国営化によって社会主義化

　を推し進めようとする。議会制度の枠組みのなかで，資本主義の弊害を改良

　フェビアン協会：⓰＿＿＿＿＿＿＿夫妻，バーナード・ショウが設立

(2)**社会民主主義**……フェビアン社会主義やカントの思想の影響を受けて、ドイツ社会民主党の❶⃝ が、マルクス主義を修正しようとした(❶⃝ 主義)

5 社会主義と今後の社会

(1)20世紀末以降の多くの社会主義国家の現状──➡❶⃝ を取り入れ、再度、資本主義化の方向
(2)社会主義思想の意義
　①資本主義の矛盾や危険性を指摘──➡資本主義に代わる社会を摸索
　②マルクスたちが思い描いた自由で平等な社会の実現は現在進行形の課題

小見出しの問い
自由で平等な社会とは、どのような社会だろうか。

ステップ アップ ⟫

❶教科書p.107「📖マルクスのことば」を読み、疎外のない働き方とはどのようなものだろうか、考えよう。

❷次のア〜ウは産業革命がもたらした社会問題の克服を摸索した思想家についての記述であるが、それぞれ誰のものか。その組合せとして正しいものを、下の①〜⑥のうちから一つ選べ。

ア　経営者の立場から、労働者の生活や労働条件の改善に努めた後、理想社会の実現を目指してアメリカに渡り、共同所有・共同生活の村(ニューハーモニー村)を実験的に建設した。

イ　自由競争下での産業社会は統一性を欠いた無政府的なものであり、不正や欺瞞(ぎまん)に満ちていると考え、農業を基本とした、調和と統一のとれた理想的な共同社会(ファランジュ)を構想した。

ウ　フェビアン協会の指導者の一人であり、福祉政策の充実や、生産手段の公有化などを行うことによって、現代社会が抱える悲惨な状況を少しずつ改善していくべきであると主張した。

① ア　フーリエ　　　　　イ　バーナード・ショウ　　ウ　オーウェン
② ア　フーリエ　　　　　イ　オーウェン　　　　　　ウ　バーナード・ショウ
③ ア　バーナード・ショウ　イ　フーリエ　　　　　　ウ　オーウェン
④ ア　バーナード・ショウ　イ　オーウェン　　　　　ウ　フーリエ
⑤ ア　オーウェン　　　　イ　フーリエ　　　　　　ウ　バーナード・ショウ
⑥ ア　オーウェン　　　　イ　バーナード・ショウ　　ウ　フーリエ

(2015センター試験・本試)

❸「階級闘争」の原因について、40字以内で説明せよ。

●エピソード● マルクスは「哲学者たちは、世界をさまざまに解釈してきたにすぎない、重要なのは世界を変えることである」と述べ、行動の重要性を唱えた。この思想は世界各国の社会主義革命に多大な影響をあたえた。

51

24 実存主義の思想①

小見出しの問い
キルケゴールが重視した「単独者」とは，どのような人間のあり方をさしているのだろうか。

1 主体的真理

(1) 資本主義の台頭……科学技術の発展によって，人間社会の合理化・組織化が進行━━人々の同質化・主体性の喪失への危惧

(2) ❶　　　　　　　**主義**……人間疎外を克服しようとする思想。今，ここに存在する**実存**(現実存在)のなかに，本来の主体的な自己を追究しようとする

(3) ❷　　　　　　　　　　(デンマーク)……客観的真理は私にとって何の役にも立たない，重要なのは私自身にとっての真理(❸　　　真理)である。キリスト教の立場で主体的自己の回復をめざす

　①実存の三段階……実存に至る三段階の通路

　　❹　　　　　　　**実存**……欲望のままに享楽的に生活する段階

　　↓自分を見失って**絶望**に陥る

　　❺　　　　　　　**実存**……「あれかこれか」を正しく選択する段階

　　↓倫理的生活の困難さに絶望する

　　❻　　　　　　　**実存**……「❼　　　　　　　　」として神の前に立つことによって信仰へと飛躍。本来の主体的自己を回復

　②神とのかかわりを失うこと＝自己を失うこと

　　━━「❽　　　　　　　　　　」を意味する

小見出しの問い
ニーチェが奴隷道徳を説き，超人を説いたのはなぜだろうか。

2 超人

●**ニーチェ**(ドイツ)……著書『ツァラトゥストラはこう言った』

(1) キリスト教道徳━━「**力への意志**」に従い力強く生きる人間を抑圧

　　↓背後に❾　　　　　　　　　　　(弱者が強者に抱く怨み)

　ニーチェのとらえ方━①キリスト教道徳＝❿　　　　　**道徳**

　　　　　　　　　　　━②ヨーロッパに⓫　　　　　　　　　　をもたらす

(2)「⓬　　　　　　　　　　」と宣言……既成の価値観を覆し，人間の主体性を主張

(3) ⓭　　　　　……主体的な人間のあり方

　＝永遠にくり返す(⓮　　　　　　　)世界を肯定

　＝このような世界を愛すること(⓯　　　　　　　)さえできる強者

小見出しの問い
「実存的交わり」と通常の交わりとは，どのように異なっているのだろうか。

3 限界状況

●**ヤスパース**(ドイツ)

(1) 科学の限界を知り，実存にめざめる手がかり……⓰　　　，苦しみ，⓱　　　　　　，罪など困難な状況＝⓲

　　↓⓲　　　　　　　　　のような挫折を経験することで，自己の有限性を自覚

　自己をこえ，自己を支える⓳　　　　　　　に出会う

　＝実存にめざめる

(2) ⓲　　　　　　　によって真の自己をめざす者同士の交わり(⓴

交わり)が可能

──▶ ❷　　　　　　　　　　やニーチェのような孤独のあり方に固執
せず，世間的な交わりから⑳　　　　　　　交わりへと深化することを
重視(＝愛しながらの戦い)

ステップ　アップ≫

1 教科書p.111「🔲 超人」を読み，超人と神とはどのような関係にあるのか，考えよう。

2 次のア〜ウは，キルケゴールの思想を説明した記述である。その正誤の組合せとして正しいものを，下の①〜⑥のうちから一つ選べ。

ア　ヨーロッパの人々が，生きる意味や目的を失ってしまったのは，キリスト教道徳に原因があり，そのキリスト教道徳は弱者が強者に対して抱く「ルサンチマン」に基づいている。

イ　人は倫理的に生きようとすると，欲望を「あれも，これも」満たす生き方にとどまることはできず，自らの生き方について「あれか，これか」の決断を迫られざるを得ない。

ウ　人間は自由な存在である。だが，自由に自分の生き方を決められるということは，その選択の責任がすべて自分にかかることを意味する。人間のこのあり方は「自由の刑に処せられている」と表現される。

① ア　正　イ　正　ウ　誤　　② ア　正　イ　誤　ウ　正
③ ア　正　イ　誤　ウ　誤　　④ ア　誤　イ　正　ウ　正
⑤ ア　誤　イ　正　ウ　誤　　⑥ ア　誤　イ　誤　ウ　正

(2018センター試験・追試)

3 ニーチェについての説明として最も適当なものを，次の①〜④のうちから一つ選べ。

①キリスト教の教義に基づく禁欲的な道徳を，強者の自己肯定に根ざした高貴な者たちの道徳として賞賛した。

②個々人が，必ずや訪れる自らの死と向き合うことを通じて，本来的な自己のあり方に目覚める重要性を説いた。

③既成の道徳や価値観への信頼が失われた事態を正面から引き受け，新たな価値を自己自身で創造しつつ生きることを求めた。

④他者や世俗的な出来事の中に埋没し，本来的な自己のあり方を見失ったまま生きる人間を「ダス・マン(世人)」として批判した。

(2020共通テスト・本試)

4 ヤスパースは実存に目覚める過程をどのように考察したか，限界状況という言葉を用いて50字以内で説明せよ。

25　実存主義の思想②，プラグマティズムの思想

小見出しの問い
「ひと」としてのあり方は非本来的だとハイデガーが述べた理由は何だろうか。

1　死への存在

●ハイデガー（ドイツ）……著書『存在と時間』

(1)人間の存在のしかた……世界のなかに投げ出されて（被投性），他者と交渉しながら存在＝「❶　　　　　　　　　　　　」

　①主体性を離れたあり方＝「❷　　　　　（ダス・マン）」（世人）

　②自己のあり方を自覚する存在＝❸　　　　　　（ダーザイン）

　──→他者や環境への過剰な配慮によって主体性を失った生き方になる

(2)本来的な自己への入り口……自己の死を意識すること

　①自己の可能性へ❹　　　　　　する存在として，自己の死を自覚し，それを引き受ける──→「❺　　　　　　　　　　　」

　②日常性に埋没した画一的な自己を本来的な自己へとよびさます

　　──→「❻　　　　　　　　　　　」

　③死という自己の❼　　　　　　　を勇気をもって受け止める

　　──→本来的な自己を見つめることができる

小見出しの問い
①サルトルは実存と本質とをどのようにとらえているのだろうか。
②実存主義の歴史的な意義はどこにあったのだろうか。

2　実存と本質，実存主義と主体的な生き方

(1)❽　　　　　　　　（フランス）……著書『実存主義とは何か』

　①人間は自由である＝人間の生き方はあらかじめ決められていない

　　「人間は自らつくるところのもの以外の何ものでもない」

　②道具などの事物は「本質が❾　　　　　　に先立つ」が，人間は自己の選択が自己のあり方を決定する＝「❿　　　　　が本質に先立つ」

　　──→だからこそ，私たちにはきびしい⓫　　　　　　が負わされている

　　＝「人間は⓬　　　　　　の刑に処せられている」

　③自分の生き方を自分で選ぶ＝全人類に対して責任を負う

　　──→社会とのかかわり（⓭　　　　　　　　　　　）を重視

(2)⓮　　　　　　　　　　（フランス）……著書『第二の性』

　女性は男性中心の社会のなかでつくりだされた存在であるとして，「人は女に生まれるのではない，女になるのだ」と主張

(3)カミュ……『異邦人』などの作品で⓯　　　　　　　　を描く

小見出しの問い
①パースとジェームズの真理観はどのようなものなのだろうか。
②デューイは，人間の知性をどのようにとらえていたのだろうか。

3　プラグマティズムの誕生，プラグマティズムの大成者

(1)アメリカの民主社会の形成……アメリカは建国の当時からすでに民主社会の基礎の上に立つ──→アメリカ独自の実用的な思想＝プラグマティズム

(2)⓰　　　　　　……プラグマティズムの創始者。伝統的な知識論を否定し，斬新な科学的知識論を提唱

(3)⓱　　　　　　　　……プラグマティズムの発展

　①真理の基準……実生活に役立つ性質をもつ＝**真理の**⓲

　②⓳　　　　　　（仮説推論）……ある現象を説明できる合理的な根拠にもとづいて仮説が立てられるとする仮説形成の方法

(4)❷⓪　　　　　　　　　……プラグマティズムの大成者

　　❷①　　　　　主義……知性は環境に適応するための手段であり❷①

　　　　　知性は問題解決のための❷①　　　　　＝創造的知性

　　　→❷①　　　　としての知性のはたらきによって社会を改良する

ステップ　アップ》

1教科書p.112「🖥️良心のよび声」を読み，良心は誰が誰に対してよびかけるのか，考えよう。

2教科書p.114「🖥️実存と本質」を読み，人間が定義不可能であるとは何を意味しているのだろうか，考えよう。

3教科書p.116「🖥️宗教的な真理」を読み，神の仮説とはどのようなことをさしているのか，考えよう。

4サルトルの思想の説明として適当でないものを，次の①〜④のうちから一つ選べ。

①人間は，自己と自己を取り巻く社会の現実に関わらざるを得ないが，全人類への責任を自覚し，自ら進んで社会へ身を投じることで，現実を新たにつくりかえていく可能性に開かれている。

②人間は，絶えず自らを意識しながら，自らを新たに形作ろうと努める存在であるため，いかなる状況においても変化しない，同一の本質をそなえた事物とは異なっている。

③人間は，自由であることから逃れられず，自由であることから生じる責任を他者に委ねることもできないため，不安に耐えて，自己と自己を取り巻く社会の現実に関わらざるを得ない。

④人間は，あらかじめ自らの本質が定められており，その本質を実現するために自らを手段として活用することによって，未来の可能性を切り開いていく，自由な存在である。

(2019センター試験・本試)

5環境に対する人間の適応について考えたデューイの主張として最も適当なものを，次の①〜④のうちから一つ選べ。

①非人間的な環境を生み出す資本主義を廃棄して社会主義を実現するために，労働者階級の団結が必要だと主張した。

②できるだけ多くの人々が環境に適応して幸せになることが最善であるとして，善悪の基準を功利性に求めることを主張した。

③人間は，知性を道具として活用することによって，よりよく環境に適応し，社会を改良するのだと主張した。

④社会環境は適者生存のメカニズムにより自動的によりよい状態になっていくから，個人の自由な活動を放任すべきだと主張した。

(2007センター試験・追試)

6デューイが提唱する道具主義とはどのような考え方か，50字以内で説明せよ。

●エピソード● ジェームズは哲学だけでなく，多様な分野で著作を残しているが，そのなかで彼が提唱した「純粋経験論」は後に日本を代表する哲学者である西田幾多郎にも多大な影響をあたえた。

26 チェックポイント③

⑯ ルネサンス，宗教改革，人間性の探究

①ルネサンスの時代に広まった人間性を重視する立場……………………（　　　　　）

②叙事詩『神曲』を著したイタリアの詩人…………………………………（　　　　　）

③自由意志によって，人間は自分の存在のあり方を決定するとした人物…（　　　　　）

④「モナ・リザ」などの絵画だけでなく，多方面に才能を発揮した万能人…（　　　　　）

⑤『君主論』を著し，君主のあり方を説いた近代政治学の祖………………（　　　　　）

⑥『愚神礼讃』で形骸化した教会や腐敗した聖職者を批判した人物…………（　　　　　）

⑦罪ある人間は信仰によってのみ救われるとしたルターの考え方…………（　　　　　）

⑧信仰のよりどころは『聖書』のことばだけとするルターの立場……………（　　　　　）

⑨どの人間が救済されるかは，神の意志としてあらかじめ決定されているとするカルヴァンの考え

……………………………………………………………………………………（　　　　　）

⑩16，17世紀に人間の生き方を探究した思想家たち………………………（　　　　　）

⑪主著『エセー』に出てくる，モンテーニュの懐疑主義を表すことば………（　　　　　）

⑫人は弱い存在だが，考えるところに偉大さがあるというパスカルのことば

……………………………………………………………………………………（　　　　　）

⑰ 科学革命の時代，経験論と合理論①

⑬コペルニクスからニュートンに至る近代科学の誕生，成立過程…………（　　　　　）

⑭楕円軌道などの惑星の運動法則を発見したドイツの天文学者……………（　　　　　）

⑮地動説を立証し，近代科学の方法論を確立した『天文対話』の著者………（　　　　　）

⑯経験にもとづく知識は自然を支配する力になるという意味のベーコンのことば

……………………………………………………………………………………（　　　　　）

⑰ベーコンが正しい認識の妨げとなる偏見・先入観をよんだことば………（　　　　　）

⑱経験的事実を観察し，事実に共通する一般的法則を見いだす学問方法…（　　　　　）

⑲人間の心は白紙のようなものとしたイギリス経験論の思想家……………（　　　　　）

⑳「存在するとは知覚されることである」と説いた人物………………………（　　　　　）

㉑人間の心は「知覚の束」と考え，懐疑論を唱えたイギリスの哲学者………（　　　　　）

⑱ 経験論と合理論②

㉒デカルトが確実な真理を把握するために重視した人間の能力……………（　　　　　）

㉓デカルトが確実な真理を探究するために用いた方法………………………（　　　　　）

㉔確実な根拠から合理的な思考を進めるデカルトが提唱した学問方法……（　　　　　）

㉕物体と精神は，それぞれ独立した存在であるとみなす考え方……………（　　　　　）

㉖自然界に存在する事物は，機械のようなものであるとする考え方………（　　　　　）

㉗自然は神そのもののあらわれであると説いた『エチカ』の著者……………（　　　　　）

㉘宇宙はモナドから成立する集合体であると説いた思想家…………………（　　　　　）

⑲ 社会契約の思想

㉙国王の権力は神からあたえられたものだとする思想………………………（　　　　　）

㉚実定法に優越するとされる，人間の本性にもとづいた普遍的な法………（　　　　　）

㉛「近代自然法の父」とよばれるオランダの法学者……………………………（　　　　　）

㉜『ヘブライ語聖書』のなかの怪獣の名前に由来する，ホッブズの著書……（　　　　　）

㉝ホッブズが自然状態をさして用いたことば……………………………………（　　　　　　　　　　）

㉞権利を侵害した政府に対し，国民がもつ新たな政府をつくる権利………（　　　　　　　　　　）

㉟ルソーの思想として広められた，不平等な社会状態から平等な理想状態に帰ることを求めたことば
……………………………………………………………………………………（　　　　　　　　　　）

㊱ルソーがよんだ，すべての人の利益を考える普遍的意志…………………（　　　　　　　　　　）

㊲議会主義を否定したルソーが構想した政治制度……………………………（　　　　　　　　　　）

㊳モンテスキューが主張した，権力の抑制と均衡をはかる考え方…………（　　　　　　　　　　）

㊴絶対主義や教会の横暴を批判したフランスの啓蒙思想家…………………（　　　　　　　　　　）

㊵啓蒙思想を集大成した『百科全書』の編集責任者……………………………（　　　　　　　　　　）

⑳ 人格の尊厳と自由

㊶カントからヘーゲルに至る近代ドイツで主流となった思想………………（　　　　　　　　　　）

㊷カントが「対象が認識に従う」と語った認識上の一大転換…………………（　　　　　　　　　　）

㊸カントがよんだ，現象としての対象を認識するときにはたらく理性……（　　　　　　　　　　）

㊹カントがよんだ，自ら法を立て，自らに命令する理性……………………（　　　　　　　　　　）

㊺つねに「～せよ」と無条件に命じる道徳法則の形式…………………………（　　　　　　　　　　）

㊻道徳法則に自律的に従う自由な主体…………………………………………（　　　　　　　　　　）

㊼自他の人格を「手段」とせず，「目的」として尊重する理想の社会…………（　　　　　　　　　　）

㉑ 人倫と自由の実現

㊽ヘーゲルの言う，自由の実現を目的とする個人をこえた理性のはたらき（　　　　　　　　　　）

㊾ヘーゲルが歴史の発展を説明するのに用いた運動・発展の原理…………（　　　　　　　　　　）

㊿社会における法と個人における道徳を弁証法的に統合した段階…………（　　　　　　　　　　）

(51)ヘーゲルがよんだ，「市民社会」の様相を表すことば………………………（　　　　　　　　　　）

(52)「家族」と「市民社会」を高い次元で統合し，個人の自由を実現する㊿の段階
……………………………………………………………………………………（　　　　　　　　　　）

㉒ 功利主義の思想，実証主義と進化論

(53)アダム・スミスが重視した，自己と他者とを結びつける社会的な感情…（　　　　　　　　　　）

(54)アダム・スミスは，自由競争の下，何によって社会の富へ導かれるとしたか
……………………………………………………………………………………（　　　　　　　　　　）

(55)ベンサムが功利の原理としたことば…………………………………………（　　　　　　　　　　）

(56)ベンサムが４種に分類した，人間の行為を動機づける快楽や苦痛………（　　　　　　　　　　）

(57)快苦の強さや持続性などの基準で，快楽の量を比較・計算すること……（　　　　　　　　　　）

(58)ベンサムの量的功利主義に対し，ミルの功利主義を表すことば…………（　　　　　　　　　　）

(59)ミルが功利主義道徳の理想と考えた，キリスト教の根本的倫理…………（　　　　　　　　　　）

(60)「社会学の祖」である，実証主義を提唱した思想家…………………………（　　　　　　　　　　）

(61)環境に適応したものが生存して子孫を残すという自然による選択作用…（　　　　　　　　　　）

(62)社会を一種の有機体ととらえ，社会進化論を説いたイギリスの哲学者…（　　　　　　　　　　）

㉓ 社会主義の思想

(63)オーウェンらの社会主義思想に，マルクスとエンゲルスがあたえた名称（　　　　　　　　　　）

(64)資本主義のさまざまな矛盾を論じたマルクスの著書………………………（　　　　　　　　　　）

(65)資本家のブルジョワという呼称に対比される労働者の呼称………………（　　　　　　　　　　）

(66)自発的なものであるべき労働が，強制され苦痛となってしまった状態…（　　　　　　　　　　）

(67)労働を通じて他者と連帯して生きるという，マルクスの人間存在の定義（　　　　　　　　　　）

(68)経済的な生産関係を土台として形成された政治，法律，芸術などの総称(　　　　　　　　)
(69)支配階級と被支配階級との間に起こる闘争……………………………(　　　　　　　　)
(70)マルクスの歴史観の一般的な呼称……………………………………(　　　　　　　　)
(71)マルクス主義の流れに属し，ロシア革命によってソヴィエト政権を樹立した人物
……………………………………………………………………………(　　　　　　　　)
(72)マルクスや(71)の影響を受け，社会主義革命により，中華人民共和国を成立させた人物
……………………………………………………………………………(　　　　　　　　)
(73)ウェッブ夫妻やバーナード・ショウが設立した社会主義組織……………(　　　　　　　　)
(74)議会制民主主義にもとづき，社会主義化を推し進めようとする社会主義思想
……………………………………………………………………………(　　　　　　　　)
(75)(73)やカントの影響を受け，修正マルクス主義を提唱した思想家…………(　　　　　　　　)

㉔ 実存主義の思想①

(76)主体的な自己の追究によって人間疎外を克服しようとする思想…………(　　　　　　　　)
(77)キルケゴールが追究した真理……………………………………………(　　　　　　　　)
(78)宗教的実存として神の前に一人立つ主体的な人間…………………………(　　　　　　　　)
(79)ニーチェがキリスト教的価値への決別を宣言したことば…………………(　　　　　　　　)
(80)キリスト教道徳の根底にある，強者に対して弱者が抱く怨み……………(　　　　　　　　)
(81)既存の権威や社会秩序を無条件に否定する立場…………………………(　　　　　　　　)
(82)力への意志によって生きる人間の主体的なあり方…………………………(　　　　　　　　)
(83)世界は意味も目的もない永遠のくり返しとするニーチェの思想…………(　　　　　　　　)
(84)ヤスパースが実存に至る過程を考える手がかりにした，困難な状況……(　　　　　　　　)
(85)自己の有限性を自覚したときに出会う，自己をこえて包みこむ存在……(　　　　　　　　)
(86)ヤスパースが説く，本来の自己にめざめた人間との出会い………………(　　　　　　　　)

㉕ 実存主義の思想②，プラグマティズムの思想

(87)ハイデガーの，人間ははじめから世界のなかに投げ出されて存在しているという考え
……………………………………………………………………………(　　　　　　　　)
(88)ハイデガーの説く，日常性に埋没して主体性を離れた人間のあり方……(　　　　　　　　)
(89)ハイデガーの説く，自己のあり方を自覚する人間のあり方………………(　　　　　　　　)
(90)本来的自己に向かって自己自身を投げ入れるというあり方………………(　　　　　　　　)
(91)ハイデガーの言う，人は時間的に有限な存在であるということ…………(　　　　　　　　)
(92)人間は自己の選択が自己のあり方を決定するというサルトルのことば…(　　　　　　　　)
(93)サルトルが表現した，自由であることは責任を負うということ…………(　　　　　　　　)
(94)サルトルの思想で「社会参加」を表すフランス語…………………………(　　　　　　　　)
(95)「人は女に生まれるのではない，女になるのだ」と主張した思想家………(　　　　　　　　)
(96)『異邦人』や『シーシュポスの神話』で不条理を描いた文学者………………(　　　　　　　　)
(97)パースが主張した，現象を説明できる合理的な根拠にもとづいて仮説を立てる方法
……………………………………………………………………………(　　　　　　　　)
(98)パースの考え方を発展させて真理の有用性を説いた思想家………………(　　　　　　　　)
(99)プラグマティズムを大成した人物…………………………………………(　　　　　　　　)
(100)(99)の，知性も人間が環境に適応するための道具であるとする立場………(　　　　　　　　)
(101)問題状況を把握し解決するための道具としての知性のあり方……………(　　　　　　　　)
(102)(99)が推進・実践した教育に関する運動…………………………………(　　　　　　　　)

27 総合問題③

1　次の文章を読んで，下の問いに答えよ。

　時代は紆余曲折を経て進んでいく。思想家は，現実のさまざまな困難を前に，現実を捉え直すための「原点」にいったん立ち戻り，課題の解決をめざしてきた。その歩みを，西洋近代思想のなかに追ってみることにしよう。

　近代は，まったく新しい価値の創造からではなく，古代ギリシア・ローマの古典や聖書を原点として再発見することから始まった。①ルネサンス期のペトラルカは，プラトン哲学を熱烈に支持すると同時に，古代ローマを讃えるための叙事詩を著し，人々の生活をのびやかに描き出した。また，宗教改革を主導した②ルターやカルヴァンは，聖書のことばに立ち返り，真の信仰を模索した。これらの原点回帰の動きは，単なる回顧をこえて，③現実を捉え直す思想を生み出している。

　17世紀になると，思想家たちは現実の政治や社会のあり方について批判的な思考をめぐらして，新たな社会理論を展開した。④社会契約説を唱えた思想家たちは，社会や国家の成立を説明するために自然状態という原点を想定し，そこからいかにして社会や国家が成立するかを探究した。たとえば，（　1　）は，自然状態を自由で平等な世界として描くことで不平等になった文明社会を批判し，社会契約によって理想の共和国を実現することを構想した。このような社会契約説は，⑤自由で平等な個人からなる社会の実現をめざす市民革命に，大きな影響を与えた。

　ところが，資本主義や科学・技術が進展すると，巨大な社会組織が生まれて力をもつようになり，人間の画一化の傾向が強まってくる。そのような社会の現実を見据えて，何よりもまず自己の原点の問い直しを重視する思想が生まれてきた。（　2　）は，⑥普遍的・客観的真理の追究では捉えられない主体的真理を求め，人間本来のあり方の解明をめざした。また，（　3　）の考えによれば，人間は，避けられない自己の死という可能性に向き合いながら，自らのおかれた状況を積極的に引き受けることで，「世人」という状態から本来の自己に立ち返ることができる。彼らの思想は，近代的な人間像の更なる捉え直しにつながっていく。

　行き詰まった状況を前にして，ただ手をこまねいていても現実は変わらない。物事の原点にまで立ち戻って現実の課題に対応しようとする先人の営みは，⑦さまざまな問題に直面する現代にも多くの示唆を与えてくれるのではないだろうか。

（2018センター試験・追試・改題）

問1　空欄（　1　）〜（　3　）に適する人物を答えよ。　知・技

1		2		3	

問2　下線部①に関連して，ルネサンスの理想的人物像を何というか。　知・技

（　　　　　　　　　　　）

問3　下線部②に関連して，次の文章は，良心をめぐるルターの思想が後世に対して果たした役割について，心理学者・精神分析学者のエリクソンが論じたものである。その内容の説明として適当でないものを，下の①〜④のうちから一つ選べ。　思・判・表

　　ルターの語った良心は，形骸化した宗教道徳の内部に溜まった澱（おり）のようなものではなかった。それは，むしろ，一人の人間が……知り得る最高のものだった。「私はここに立っている」という，後に有名になったルターの言葉*……は，信仰においてのみならず，政治的にも，経済的にも，また知的な意味でも，自ら現実に向き合おうと決意し，その決意に自分のアイデンティティを見いだそうとした人々にとって，新たなよりどころとなった。……良心が人間各人のものであることをル

ターは強調し，それによって，平等，民主主義，自己決定といった一連の概念へ通じる道を開くことになる。そして，ルターを源とするこれらの概念が，……一部の人々のではなく，万人の尊厳と自由のための基盤となったのである。

（『青年ルター』より）

＊1521年の帝国議会において，宗教制度の改革を唱える自説の撤回を迫られたルターが，皇帝の要求を拒んで述べたとされる言葉

①ルターの思想は，個々人の良心を政治や経済の諸問題から切り離すことで，信仰の純粋さを守る役割を果たした。

②ルターの思想は，人が，現実世界に対峙することを通して自らのアイデンティティを確立しようとする努力を支える役割を果たした。

③ルターの思想は，人間としての尊厳があらゆる人に備わっている，という考えを用意する役割を果たした。

④ルターの思想は，平等その他，その後の社会のあり方を支える諸概念の形成を促す役割を果たした。

（2021共通テスト・本試第1日程）

問4 下線部③に関連して，現実をとらえ直すための新たな学問の方法に経験論がある。次のア～ウは，経験に知識の源泉を求めた思想家の説明であるが，それぞれ誰のことか。その組合せとして正しいものを，下の①～⑧のうちから一つ選べ。 知・技

ア 事物が存在するのは，私たちがこれを知覚する限りにおいてであり，心の外に物質的世界などは実在しないと考え，「存在するとは知覚されることである」と述べた。

イ 私たちには生まれつき一定の観念がそなわっているという見方を否定し，心のもとの状態を白紙に譬えつつ，あらゆる観念は経験に基づき後天的に形成されるとした。

ウ 因果関係が必然的に成り立っているとする考え方を疑問視し，原因と結果の結び付きは，むしろ習慣的な連想や想像力に由来する信念にほかならないと主張した。

①　ア　ヒューム　　イ　ベーコン　　ウ　バークリー
②　ア　ヒューム　　イ　ベーコン　　ウ　ロック
③　ア　ヒューム　　イ　ロック　　ウ　バークリー
④　ア　ヒューム　　イ　ロック　　ウ　ベーコン
⑤　ア　バークリー　　イ　ベーコン　　ウ　ヒューム
⑥　ア　バークリー　　イ　ベーコン　　ウ　ロック
⑦　ア　バークリー　　イ　ロック　　ウ　ヒューム
⑧　ア　バークリー　　イ　ロック　　ウ　ベーコン

（2016センター試験・本試）

問5 下線部④を唱えた思想家にロックがいる。ロックの思想が近代の市民革命におよぼした影響について以下の文を読み， A ・ B にあてはまる文章や語句を答えよ。 思・判・表

ロックは自然権をいっそう確実にするために，各人が「相互に同意する契約」を結んで国家をつくり，政府に統治を信託する社会契約の形を構想した。この構想において，もし，政府がそれを侵害すれば， A ことができるという B をもつことが示された。これが，近代市民革命を肯定する理論的な根拠となったと考えられる。

A	
B	

問6 下線部⑤に関連して，人間本来の自由がどのようなところに成立するのかを明らかにしようとした思想家にカントがいる。カントの著作について述べた次の文を読み，ａ～ｃに入れる語句の組合せとして正しいものを，下の①～④から一つ選べ。知・技

> カントは，『実践理性批判』において，「繰り返し長く考えれば考えるほど，常に新たな感嘆と崇敬をもって心を満たすもの」として，「私の上なる星空と，私の内なる　ａ　」の二つをあげているが，『　ｂ　』では，自然美や芸術を考察の対象として取り上げ，それらに関わる想像力（構想力）の自由な働きを分析している。
>
> カントは『　ｃ　』の中で，こうした自由論を国家間の平和維持にも転用し，平和のための連盟を形成することを説き，今日の国際連合などの基本的理念として継承されている。

① ａ　自然法　　　　ｂ　弁証法的理性批判　　　ｃ　戦争と平和の法
② ａ　自然法　　　　ｂ　判断力批判　　　　　　ｃ　戦争と平和の法
③ ａ　道徳法則　　　ｂ　弁証法的理性批判　　　ｃ　永遠平和のために
④ ａ　道徳法則　　　ｂ　判断力批判　　　　　　ｃ　永遠平和のために

(2014センター試験・本試・改題)

問7 下線部⑥に関連して，実存と本質の関係性についてサルトルはどのように語ったか。知・技

（　　　　　　　　　　　　　　　）

問8 下線部⑦に関連して，以下の表はある議会において，共生社会のあり方についてＡ議員とＢ議員が討論をおこなった際に，両者の主張を整理したものである。それぞれの主張を功利主義の観点から分類するとき，ベンサムの思想に近い議員とミルの思想に近い議員をそれぞれ答え，なぜそのように判断したのか根拠となる主張を表中から引用しつつ，説明せよ。思・判・表

Ａ議員の主張	Ｂ議員の主張
たとえ利用者が少数に限定されたとしても，あらゆる施設において，可能な限りのバリアフリー化が必要。社会にとって何がよいかは計量的に判断できず，よさの質的な差異に留意すべきである。	公共施設に関する財源が税金であることを考慮すれば，できるだけ多くの人が利用する設備を充実させるべきである。共生社会の基盤は，すべての人を等しく一人として数えることからはじまる。

ベンサムの思想に近い議員	
判断の理由	
ミルの思想に近い議員	
判断の理由	

28　心の深層と無意識，生の哲学と現象学，フランクフルト学派

小見出しの問い
無意識はどのようにして生まれ，意識に対してどのような影響をおよぼすのだろうか。

1　無意識の発見

●❶　　　　　　　　　　（オーストリア）……❷　　　　　　　　　　　を創始
(1)夢や神経症の研究から「理性」や「意識」に疑問を突きつける
　──人間の心の深層には❸　　　　　　　の領域がある
(2)心の構造
　①❹　　　　　　（**イド**）……快楽（快感）原則に支配された無意識の部分
　②❺　　　　　　……教育を通して社会規範が内在化された部分
　　欲求を抑圧──性衝動（❻　　　　　　　　　　）として蓄積
　③❼　　　　　　……外界に適応するため，現実原則に従い❹　　　　と❺
　　　　　　　　を調整
　│❼　　　　　　の調整がうまくいかない場合，❻　　　　　　　　　はと
　↓きに神経症の原因となる
　❽　　　　　　の理論の誕生……❼　　　　　　の調和が不可欠

小見出しの問い
①個人的無意識と集合的無意識のちがいは何だろうか。
②精神分析を受ける者は，自由に語っているのだろうか。

2　個人的・集合的無意識と個性化，精神分析において語られる無意識

(1)❾　　　　　　　　（スイス）……❶　　　　　　　　と❷
　　を研究──決別──独自の❿　　　　　　　**学**を確立
①無意識の二層……**個人的無意識と**⓫　　　　　　**的無意識**
　・個人的無意識：抑圧された欲求が生み出す**コンプレックス**
　・⓫　　　　　的無意識：⓬　　　　　　によって構成，人類に先天的にそなわっているとみなす
②意識と無意識は補償関係──人格が変貌する心理的発展過程（**個性化**）
(2)⓭　　　　　　　（フランス）
　無意識を言語化する過程で，意識をこえた言語の法則に従っている

小見出しの問い
①持続する意識とは，どのようなあり方をしているのだろうか。
②直接経験から，どのようにして客観的対象は構成されるのだろうか。

3　生の哲学，現象学

(1)**ベルクソン**（フランス）……独自の⓮　　　　　　　　を生み出す
①⓯　　　　　　……意識にあたえられる不可分で連続した時間
　⓰　　　　　　**された時間**（物理的時間）とは別で，因果法則から**自由**
　↓⓯　　　　　　に蓄積された記憶が人格を形成
　自由行為：人格と不可分に結びついた行為
②⓯　　　　　　の観点から解き明かす生物の進化過程
　・⓱　　　　　　（生の飛躍）……生命進化の原動力となる根源的な生命力
　・⓲　　　　　　（愛の飛躍）……芸術や宗教の創造者が，愛に満ちた「**開いた社会**」を切り開く
(2)**現象学**
①**フッサール**（オーストリア）……「厳密な学」としての哲学をめざす
　・⓳　　　　　　（判断停止）……世界の実在を無批判に受け入れる

「自然的態度」を一時停止──→**純粋意識**に現れる現象を忠実に記述（❷⓪
　　　　　　　　　　　　　　　　　）
　②メルロ=ポンティ（フランス）……**身体**のあり方を現象学からとらえる
　　・身体の両義性……身体は**客観的身体**でなく，❷①

④ 道具的理性の否定，対話的理性によるコミュニケーション的行為

(1)**フランクフルト学派**……フランクフルト大学の社会研究所につどう思想家
　　①❷② 　　　　　　　　　　や❷③ 　　　　　　　　　　など……社会
　　変革をめざす立場から，独自の❷④ 　　　　　　　　　　を構築
　　・❷⑤ 　　　　　　　　……主観的目的を達成する手段・道具となっ
　　た理性

　　　┌ 科学技術で自然（外なる自然）を支配──**啓蒙**
　　　│
　　　└ さらに，人間の感情や衝動（内なる自然）を抑圧・支配──**野蛮**
　　　　❷⑥ 　　　　　　　　　（**全体主義**）に行き着く
(2)**フロム**……❷⑦ 　　　　　　　　的パーソナリティを明らかにした
　　──→自由の重荷から逃れ，権威に服従（主著『自由からの逃走』）
(3)❷⑧ 　　　　　　　　　　　（フランクフルト学派の第二世代）
　　①政治，経済のシステムの合理性追求──→❷⑨ 　　　　　　　　の植民地化
　　②❸⓪ 　　　　　　的理性に注目……相互に尊重し，合意形成をめざす理性のは
　　たらき──→**コミュニケーション的行為**（対等な立場で自由な対話や討議）
　　　　　　　コミュニケーション的合理性（合意と公共性の形成をはかる）

小見出しの問い
①神話から解放するはず
　の理性による啓蒙が，
　新たな野蛮を生み出し
　たのはなぜだろうか。
②相互に尊重しあえる社
　会をつくるには，どう
　したらよいのだろうか。

＿＿ステップ　アップ＿＿→

１教科書p.122「💻 道具的理性」を読み，道具的理性は自然をどのように理解するのか，考えよう。

２ホルクハイマーとアドルノの思想についての説明として最も適当なものを，次の①〜④のうちから一
　つ選べ。□
　①西洋文明は，存在するものを科学的に対象化したり技術的に支配したりすることに没頭し，あらゆ
　　る存在するものの根源にある存在を忘れ去ってしまうという，存在忘却に陥っている。
　②文明の進歩を約束すると思われていた理性は，外的自然のみならず人間の感情などの内的自然をも
　　支配するものであり，人間の目的達成の道具にすぎないため，今や新たな野蛮を生み出している。
　③従来の西洋哲学は，すべての存在するものを自己に同化しようとする全体性の立場に固執しており，
　　それゆえ自己の理解を超え出ていく他者の他者性を抹殺している。
　④西洋社会の人々よりも知的に劣っていると思われていた未開社会の人々の思考には，文明社会の科
　　学的思考に劣らず，構造的な規則が含まれており，西洋文明だけを特権視することはできない。

（2018センター試験・追試・改題）

３現象学的還元とは，どのようなことか，50字以内で説明せよ。

●エピソード● フランクフルト学派のうち，第一世代のホルクハイマー，アドルノは理性をもっぱら批判的にとらえたが，
第二世代のハーバーマスは理性の積極的役割を見いだした。

29 構造主義・言語哲学

社会や文化の背後にある構造は，どのように私たちの思考を制約しているのだろうか。

......

......

......

......

......

......

......

......

......

......

1 構造主義

●**構造主義**……あらゆる事象には，普遍的な❶　　　　　　　が潜んでいることを明らかにした──西欧文化中心の理性主義を批判

(1)❷　　　　　　　　　　（スイスの言語学者）……言語を無意識のうちに形成された❶　　　　　（言語体系）という視点からとらえた

①**シニフィアン**……意味するもの。記号としてのことば

②**シニフィエ**……意味されるもの。ことばが生み出す概念

　↓シニフィアンは物の名前ではなく，シニフィエの名前

③個々の発話（**パロール**）も，個々の文化に固有の❸　　　　　　（言語体系）に依拠

(2)❹　　　　　　　　　　（フランスの文化人類学者）

……親族関係や神話を，文化の背後にある❶　　　　　から理解する

①文化人類学の調査・研究──西洋の理性中心主義の見方を批判

②未開社会……規則性をもった体系（❶　　　　　）に従って営まれている

──未開社会の❺　　　　　**の思考**と西洋社会の科学的思考に優劣はない

2 構造主義から権力論へ

近代には，どのような形の権力が生まれたのだろうか。

......

......

......

......

......

......

......

......

●❻　　　　　　　　（フランスの哲学者）……理性主義への批判を徹底

(1)❼　　　　　　　　　　……知に先立ち，その可能性を規定する各時代に特有な認識の体系

│その成立の歴史的過程を究明するのが「**知の**❽　　　　　　　」

↓近代の理性的人間観を解体しようとする

古典主義時代には，❾　　　　　を「非理性」として権力的に排除

(2)人々を抑圧する権力の❶　　　　　を解明

①絶対君主の上から抑圧し支配する権力

②❿　　　　　　　（**一望監視施設**）にみられる社会に規律を生みだす権力

③国民の生命を経営，管理，増大，増殖させるための生命に対する権力（⓫　　　　　　　）──生命の名のもと大量虐殺をおこなうこともある

3 ポスト構造主義

現象学や構造主義への批判を，どのように乗りこえようとするのだろうか。

......

......

●**ポスト構造主義**……構造主義を批判しつつ，西洋的思考への批判を徹底

(1)**デリダ**……⓬　　　　　　（理性中心の二項対立の解体）を提唱

(2)**ドゥルーズとガタリ**……資本主義社会を「**欲望する諸機械**」になぞらえる

──欲望の解放とその抑圧の相克を現代社会の営みととらえる

4 分析哲学

世界とそれについて語ることばは，どのような関係にあるのだろうか。

(1)⓭　　　　　　　　　　（オーストリア）……言語を分析する研究を続け，イギリスで活躍した哲学者

①前期：哲学的問題は言語に対する論理的な誤解から生じた

・ことばは指示対象を意味する（⓮　　　　　　　　的関係）

人生の意味や善悪，神の存在を語ることばは，世界に指示対象をもたない

「⓯　　　　　　　　　　ことについては沈黙しなければならない」

②後期：前期の言語観を否定

言語は生活のなかで営まれる行為（⓰　　　　　　　　　　）

③言語論的転回……主体の意識から出発する哲学から言語の分析による哲学への転換━━➡分析哲学とよばれる潮流を形成

(2)科学哲学……感覚経験と論理分析を重んじる論理実証主義にはじまる

①ポパー……科学を疑似科学から区別するのは⓱　　　　　　可能かどうか

②クワイン……知識体系は全体としてネットワークをなす

＝⓲　　　　　　　　　　（全体論）的な科学観

③クーン……科学進歩は⓳　　　　　　　　　の転換（科学革命）による

ステップ　アップ

1教科書p.125「🖳 フーコーのことば」を読み，「生権力」が，ある人々の生命を守るために，他の生命を犠牲にする場合があるとしたら，どのような場面だろうか，考えよう。

2次の文章は，個人の自由をめぐる思想についての説明である。文章中の　a　・　b　に入れる語句の組合せとして正しいものを，下の①〜⑥のうちから一つ選べ。

　私たちは日ごろ，自分は自由な個人で，したいことを主体的に選んで生きていると思っているが，　a　に代表される構造主義によれば，個々の言葉の使用が言語の構造に規定されるように，個人の意識や行為は社会の規則や構造に規定されている。さらに，構造主義から出発した　b　に従えば，自由な個人とは，いわば社会制度に自ら服従する人間の別名にすぎない。だが，逆に言えば，個々人が自発的に服従してしまうからこそ，社会制度が力をもつのである。このように，　b　は，人間を規律化する制度や装置の発達に近代の特徴を見いだすとともに，服従を拒み，社会を変えていく力が人々の間に潜んでいることにも目を凝らす。自由な生への道は，決して絶たれていないのだ。

① a レヴィ=ストロース b メルロ=ポンティ
② a レヴィ=ストロース b フーコー
③ a メルロ=ポンティ b レヴィ=ストロース
④ a メルロ=ポンティ b フーコー
⑤ a フーコー b レヴィ=ストロース
⑥ a フーコー b メルロ=ポンティ

(2019センター試験・本試)

3クーンのいう「パラダイムの転換」の例を一つあげ，30字以内で説明せよ。

30 他者と偏見，正義と社会

小見出しの問い
レヴィナスは，他者をどのようにとらえるべきと考えたのだろうか。

1 異質な他者

(1)❶_____（リトアニア出身）

　①「❷_____」の問題を追究

　　──❷_____が私を見つめるとき（❸_____），私に❷を

　　受け入れる「❹_____」が生ずると主張

　②❷は，つねに私の理解をこえ，❺_____意識の限界を暴きだす

小見出しの問い
アーレントは，自由をどのように考えたのだろうか。

2 公共性

(1)❻_____（ドイツ出身）

　反ナチス運動の経験から，❼_____の起源の問題に注目

　①全体への服従は，「❽_____」と対極的な位置にある

　②人間の実践的生活……「労働」，「仕事」，「❾_____」に区別

　　──このうち，公共的にほかと交わる❾_____が重要

小見出しの問い
サイードは無自覚な偏見がどこに隠れていると考えたのだろうか。

3 オリエンタリズム

(1)❿_____（パレスチナ出身，文芸批評家）

　①「西洋」と「東洋」という二元的なとらえ方に潜むのが⓫_____

　　_____（西洋の東洋に対する思考と支配の様式）

　　──西洋の優越意識や植民地支配に直結

　②⓬_____理論(旧植民地と旧宗主

　　国との関係に目を向け，そこに残された課題を問い直す)の中心的存在

小見出しの問い
なぜ，フェミニズムが登場することになったのだろうか。

4 フェミニズム

(1)**第1波フェミニズム**……女性の教育や雇用の機会増大，参政権の獲得要求

(2)**第2波フェミニズム**……⓭_____の克服も課題に

　　──ボーヴォワールの『第二の性』，アメリカのウーマン・リブ運動

小見出しの問い
①ロールズが提唱した格差原理とは，どのようなものだろうか。
②センの福祉理論は，どのような点でそれまでの理論と異なっていたのだろうか。

5 正義の問い直し，福祉と潜在能力

(1)⓮_____（アメリカ）……「**公正としての正義**」を説く

　⓯_____の影響のもとに，自然状態をモデルにした「⓰____

　_____」から出発して**正義の原理**を導いた

　　──そこでは，⓱_____という条件が前提

　①第一原理：基本的な自由は各人に平等に配分されるという原理

　②第二原理──⓲_____：利益はもっとも不遇な人の生活が改

　　善されるように配分

　　　　　　└機会均等の原理

(2)⓳_____（インド出身の経済学者，ノーベル経済学賞を受賞）

　限られた資源は，⓴_____（**ケイパビリティ**）を改善するために

　こそ配分されるべきもの

6 最小国家

(1) ㉑ ＿＿＿＿＿＿＿＿＿＿＿＿＿＿ （アメリカ）

　①㉒ ＿＿＿＿＿＿＿＿＿＿＿＿（**自由至上主義**）の代表的思想家

　　──個人の政治的自由と経済的自由を重視

　②⓮ ＿＿＿＿＿＿＿＿＿の㉓ ＿＿＿＿＿＿＿＿（自由主義）を批判

　　……⓮の格差原理は個人の自由を阻む㉔ ＿＿＿＿＿＿＿＿の理論

　　個人の自由と両立するのは，司法・治安・国防などの最低限の機能のみに

　　限定される㉕ ＿＿＿＿＿＿＿＿＿である

小見出しの問い
ノージックのリバタリアニズムと他の思想家のリベラリズムとのちがいは，どこにあるのだろうか。

7 共同体主義

(1) ㉖ ＿＿＿＿＿＿＿＿＿＿＿＿＿＿ （アメリカ）

　㉗ ＿＿＿＿＿＿＿＿＿＿＿＿＿（**共同体主義**）の思想家

　　……個人の自由よりも共同体で共有される善（㉘ ＿＿＿＿＿＿＿）を優先。徳

　　（共同体でのよき生き方）を重んじるアリストテレスの徳倫理学を再興

小見出しの問い
マッキンタイアは，リバタリアニズムの問題点をどこに見いだしたのだろうか。

8 ケアの倫理

(1) ㉙ ＿＿＿＿＿＿＿＿＿＿ （アメリカの心理学者）

　男性の「正義の倫理」に対し，女性の視点から「㉚ ＿＿＿＿＿の倫理」を提唱

　　──普遍的な規則よりも，自らがかかわる他者に対する具体的責任を重視

小見出しの問い
ギリガンのねらいは，どこにあるのだろうか。

ステップアップ

1 教科書p.131「📖「原初状態」と「無知のヴェール」」を読み，原初状態とはどのような状態を意味しているのか，考えよう。

2 レヴィナスとアーレントの思想の説明として最も適当なものを，次の①〜④のうちから一つ選べ。

①レヴィナスによれば，他者とは，あらゆるものを取り込む全体性のなかで，自己とともに生きる存在である。そのような他者の呼びかけに応え，自己と他者が共同で責任を負わなければならない。

②レヴィナスによれば，他者とは，自己の理解を超えたもので，絶対的に他なるものとして自己に迫ってくる。そのような他者に直面し，他者に応答する責任を引き受けなければならない。

③アーレントによれば，私的な経済的関心のみが増大している現代社会の商業主義に対抗するためには，伝統に根差した共同体において共有される善を，個人の自由よりも優先しなければならない。

④アーレントによれば，近代社会では，公共的な政治への関心が増大し，人間相互の関係を支える労働の価値が見失われた結果，大衆を動員する全体主義が生み出されるに至った。

（2019センター試験・追試・改題）

3 「ケアの倫理」が重視することを，50字以内で説明せよ。

●エピソード● ロールズは，1943年に大学を卒業してアメリカ陸軍に入隊し，フィリピンなどを転戦した。第二次世界大戦終結後，占領軍として訪れた広島で原爆の惨状を目撃し，士官昇任を辞退し，陸軍を除隊している。

67

31　生命への畏敬とボランティア

小見出しの問い
生命への畏敬とは，どのような実践をいうのだろうか。

① 密林の聖者

(1)倫理とは……つねに人間の「❶　　　　　　　　　」と深い関係をもつ

　　──→思想に裏打ちされた「❶　　　　　　　　」や独自の❶　　　　　　　　　　に支

　　えられた思想に出会うとき，深い感銘を受ける

(2)❷　　　　　　　　　　　　　　　　　……アフリカで長く医療活動，

　　ノーベル平和賞受賞，「密林の聖者」とよばれる

　　①「❸　　　　　　　　　　　　」……人間も「❹　　　　　　　　　　とす

　　る生命に囲まれた，❹　　　　　　　　　とする生命」

　　　──→生命そのものに神聖さを感じとる

　　　現代人が忘れがちな生命の❺　　　　　　　という価値をよびさます

小見出しの問い
サティヤーグラハとは，どのような考え方だろうか。

② マハートマ（偉大なる魂）

●❻　　　　　　　　　　　　　……インド独立運動の指導者。マハートマ（偉大

なる魂）とよばれ，民衆から敬愛された

(1)徹底した❼　　　　　　　　の思想，自分たちの抵抗運動を❽　　　　　　　　

　　　　　　　　　　　　　（真理の把握）と名づける

　　──→❾　　　　　　　（**不殺生**）の精神がこめられている

(2)独立の綱領──→❾　　　　　　　　　の精神

　　①❿　　　　　　　　（自治独立）──→「塩の行進」などの運動へ

　　②⓫　　　　　　　　（国産品愛用）──→チャルカー（糸車）が象徴

小見出しの問い
「ほんとうの愛」とは，どのようなものだろうか。

③ コルカタの聖女

●⓬　　　　　　　　　　　　……マケドニア出身の修道女。生涯，⓭

　　　　　　の奉仕に身をささげる。ノーベル平和賞受賞

　　──→コルカタに，ホスピスの「⓮　　　　　　　　　　　」，孤児の

　　ための「聖なる子どもの家」を設立

小見出しの問い
社会を「よく生きる」ために，私たちには，どのような姿勢が求められているのだろうか。

④ 社会参加とボランティア

(1)❷　　　　　　　　　　　　，❻　　　　　　　　　　，⓬

　　　　　　　　　　　　　ら……自らの⓯　　　　　　　　を実際に生きた

　　──→彼らの前にいた苦しむ人々に，救いの手を差し向けた

　　　⓰　　　　　　　　（サルトルのいうアンガージュマン）をはたす

(2)⓱　　　　　　　　　　**活動**……苦しむ人々を助けようとする活動

　　など無償の奉仕

(3)⓲　　　　　　　　　　（フランスの思想家）……大学

教授資格試験に合格しながらも，工具や義勇兵などとして不幸な人々ととも

に生き，不幸の本質を暴きだした

1 教科書p.138「📖 マザー・テレサのことば」を読み，マザー・テレサの言う「ほんとうの飢え」とは，どのようなものだろうか，考えよう。

2 次のア～イは，責任をめぐる考察を展開した様々な思想家についての説明である。その正誤の組合せとして正しいものを，下の①～④のうちから一つ選べ。

ア　ラッセルは，核戦争によってもたらされる人類絶滅の危機を回避するために，著名な科学者とともに核兵器廃絶を訴え，平和に対する科学者の責任を説いた。

イ　シュヴァイツァーは，すべての生命には生きようとする意志が見いだされるとし，生命への畏敬に基づき，あらゆる生物の命を尊ぶことが人間の責任だと説いた。

① ア 正 イ 正　　② ア 正 イ 誤　　③ ア 誤 イ 正　　④ ア 誤 イ 誤

(2016センター試験・本試・改題)

3 次のア～ウは，苦しむ人々を救うことに尽力した人物の説明であるが，それぞれ誰のものか。その組合せとして正しいものを，下の①～⑧のうちから一つ選べ。

ア　人道主義的立場から，労働者の劣悪な生活環境を改善することを目指して，協同組合の設立や理想的な共同体の建設を試みた。

イ　インドを中心に，貧しい人々や孤児などの社会的弱者の救済活動に生涯をささげ，見捨てられた病人のために「死を待つ人の家」を設立した。

ウ　人種差別に抵抗して，非暴力の思想に基づく運動を展開し，黒人が公民権を得て白人と平等に暮らせる社会を求めた。

① ア エンゲルス　イ ガンディー　　ウ キング牧師
② ア エンゲルス　イ ガンディー　　ウ ラッセル
③ ア エンゲルス　イ マザー・テレサ　ウ キング牧師
④ ア エンゲルス　イ マザー・テレサ　ウ ラッセル
⑤ ア オーウェン　イ ガンディー　　ウ キング牧師
⑥ ア オーウェン　イ ガンディー　　ウ ラッセル
⑦ ア オーウェン　イ マザー・テレサ　ウ キング牧師
⑧ ア オーウェン　イ マザー・テレサ　ウ ラッセル

(2018センター試験・本試)

4 シュヴァイツァーのいう「生命への畏敬」とはどのようなことなのか，50字以内で説明せよ。

32 チェックポイント④

28 心の深層と無意識，生の哲学と現象学，フランクフルト学派

①フロイトが創始した心の深層を解明する方法……………………………（　　　　　）

②フロイトが夢や神経症の研究で見いだした人間の心の深層部分…………（　　　　　）

③フロイトの説く，快楽(快感)原則に支配された②の領域…………………（　　　　　）

④フロイトの説く，教育や躾によって社会規範が内面化された心の部分…（　　　　　）

⑤フロイトの説く，現実原理に従い，③と④との調整をする部分…………（　　　　　）

⑥ユングの唱えた，個人的無意識のさらに深層にある人類共通の無意識…（　　　　　）

⑦⑥を構成するとされる仮説的な概念………………………………………（　　　　　）

⑧無意識の言語化における言語の法則・構造に注目した精神分析家………（　　　　　）

⑨世界は理性によってはとらえきれない生命的な力によって形づくられてきたとする哲学

　　………………………………………………………………………………（　　　　　）

⑩ベルクソンが精神の本質だとする意識の連続した時間の流れのこと……（　　　　　）

⑪ベルクソンの用語で，創造的な進化をもたらす根源的な生の飛躍………（　　　　　）

⑫ベルクソンが説く，愛に満ちあふれ文化や宗教を創造する社会…………（　　　　　）

⑬ハイデガーやサルトルの思想の源流となったフッサールの学問的立場…（　　　　　）

⑭厳密な哲学の構築のために，現実に対する判断を一時停止すること……（　　　　　）

⑮⑭の後，純粋意識に現れた現象を忠実に記述すること……………………（　　　　　）

⑯メルロ=ポンティが人間のあり方の根底としたもの　………………………（　　　　　）

⑰メルロ=ポンティが⑯の特徴とする主観であるとともに客観でもあるとするあり方

　　………………………………………………………………………………（　　　　　）

⑱反ファシズムの立場から独自の理論を展開したドイツの学派……………（　　　　　）

⑲⑱が構築した，社会分析だけではなく社会改革をめざす理論………………（　　　　　）

⑳主観的な目的を達成するための手段・道具となってしまった理性………（　　　　　）

㉑フロムやアドルノが説いた，権威に無批判に服従する人間の性格………（　　　　　）

㉒ファシズムに自ら服従しようとする大衆心理を分析したフロムの主著…（　　　　　）

㉓ハーバーマスが警鐘を鳴らした，政治や経済のシステムが肥大化し，私たちの生活を脅かすこと

　　………………………………………………………………………………（　　　　　）

㉔ハーバーマスが重視した，対等な立場での自由な対話や討議……………（　　　　　）

㉕人間の相互の相違を乗りこえ合意をめざそうとする理性の働き…………（　　　　　）

29 構造主義・言語哲学

㉖個別的事象の背後に潜む普遍的な構造を解明しようとする思想的立場…（　　　　　）

㉗構造という視点から言語をとらえたスイスの言語学者……………………（　　　　　）

㉘㉗が，個々の発話(パロール)を可能にしている，文化に固有の言語の体系

　　………………………………………………………………………………（　　　　　）

㉙「未開社会」を研究し，㉖を唱えたフランスの文化人類学者………………（　　　　　）

㉚「未開社会」のもつ，西洋社会の科学的思考に劣らず優れた思考…………（　　　　　）

㉛狂気などに注目し，西洋近代の理性中心主義を批判した構造主義哲学者（　　　　　）

㉜㉛がその時代の知を規定するとした，各時代に特有な認識の体系………（　　　　　）

㉝㉛が主張する，㉜の成立過程を歴史的にたどり究明する学問の方法……（　　　　　）

㉞㉛が指摘した，国民の生命を経営，管理，増大，増殖させるための生命に対する権力

……………………………………………………………（　　　　　　　　）

㉟西洋思想に伝統的な二項対立図式を解体し，再構築を試みる思考法……（　　　　　　　　）

㊱デリダやドゥルーズなど㉖を乗りこえようとする思想家の立場…………（　　　　　　　　）

㊲ドゥルーズとガタリがなぞらえた資本主義社会のあり方………………（　　　　　　　　）

㊳言語分析を哲学の主たる方法とする分析哲学の潮流を形成した哲学者…（　　　　　　　　）

㊴㊳の前期思想でみられる，ことばとは指示対象を意味すること…………（　　　　　　　　）

㊵㊳の後期思想で，言語を一定の規則で営まれる行為とする考え方………（　　　　　　　　）

㊶科学と疑似科学の違いは，命題の誤りを立証（反証）できることにあるとした哲学者

……………………………………………………………（　　　　　　　　）

㊷ホーリズム（全体論）的な科学観を推し進めたアメリカの哲学者…………（　　　　　　　　）

㊸クーンがよんだ，科学界が研究の前提とする考え方の枠組み……………（　　　　　　　　）

㉚ 他者の偏見，正義と社会

㊹他者という視点から自己意識の限界を暴いたリトアニアの思想家………（　　　　　　　　）

㊺反ナチス運動の経験から全体主義の起源を分析したユダヤ人政治学者…（　　　　　　　　）

㊻㊺が人間の実践的生活を構成するとした三つのことがら………………（　　　　　　　　）

㊼㊺が人間にふさわしい行為とした，公共的に他と交わる活動…………（　　　　　　　　）

㊽サイードの指摘した，西洋の東洋に対する思考と支配の様式…………（　　　　　　　　）

㊾西洋の植民地主義の根底にある偏見や差別意識を問い直す理論…………（　　　　　　　　）

㊿教育・雇用・選挙権獲得を通して女性の解放を求めた思想・政治運動…（　　　　　　　　）

51 50運動の先駆とされるフランスのボーヴォワールの著書……………………（　　　　　　　　）

52「公正としての正義」を社会契約説の再構築によって提起した哲学者……（　　　　　　　　）

53正義の原理を導き出すために，社会全員の地位や財産などについて分からない状態

……………………………………………………………（　　　　　　　　）

54 53の状態で，自らの状況を見えなくするためにかけられるもの…………（　　　　　　　　）

55社会的な格差は，もっとも不遇な人の生活の改善が条件だという原理…（　　　　　　　　）

56単なる分配を批判し，福祉理論を展開したインド出身の経済学者………（　　　　　　　　）

57 56が主張する，もっとも優先して改善されることが求められること……（　　　　　　　　）

58ノージックに代表される個人の自由を絶対的に重視する思想的立場……（　　　　　　　　）

59個人の自由よりも共同体における善を優先する思想的立場………………（　　　　　　　　）

60徳倫理学を説き，アリストテレスを再評価したアメリカの哲学者………（　　　　　　　　）

61『孤独な群衆』で現代人を他人指向型だとしたアメリカの社会学者………（　　　　　　　　）

62アメリカの心理学者ギリガンが主張する，普遍的な「正義の倫理」に対する立場

……………………………………………………………（　　　　　　　　）

㉛ 生命への畏敬とボランティア

63アフリカでの医療に身を捧げた「密林の聖者」とよばれた人物……………（　　　　　　　　）

64 63が，すべての生命を尊重する倫理の出発点としたもの………………（　　　　　　　　）

65「マハートマ（偉大なる魂）」とよばれたインド独立の指導者……………（　　　　　　　　）

66 65の独立運動を支えた，一切の暴力を否定する思想………………………（　　　　　　　　）

67インドで恵まれない人々のために，愛と奉仕の生涯をおくった修道女…（　　　　　　　　）

68 67がコルカタに設立した身寄りのない人々のためのホスピス……………（　　　　　　　　）

69大学教授資格をもちながら，工具や義勇兵として思索した思想家………（　　　　　　　　）

33 総合問題④

① **高校生RとWが交わした次の会話を読み，下の問いに答えよ。**

R：次の授業は英語。ネイティブの先生なんてグローバル化の時代だね。

W：私たちの方が英語を学ばなきゃならないのかな。日本で生きていくつもりだし，英語はいらないよ。

R：私は留学して先端医療を研究するのが夢なんだ。世界で活躍するためには共通の ①言語として英語が必要だし，みんなが英語を習得すれば便利じゃない？言語はまず ②コミュニケーションのための道具として必要でしょ？

W：だけど，言語をただの道具のように扱うのは不満だなぁ。

R：どうして？「人間は言語や記号を使う動物」だって習ったよね。

W：人間は ③共同体の中で生まれて，その共同体の言語に囲まれて育っていくよね？言語は共同体の習慣や価値観と切り離せないものだと思うな。言語は道具以上のものだよ。だから，単に便利だからといって，みんなが英語を学べばいいというのはおかしいんじゃないかな。母語として馴染んできた ④歴史を尊重するべきだよ。

R：そっかぁ。だけどさ，英語の先生が日本に来たみたいに，国境を越えて人が移動する時代なんだから，母語だけを尊重してたら，異なる言語を話す人たちと一緒に暮らすことが難しくなるよ。

W：それもそうだね。私も自分の共同体の言語や価値観だけにこだわり過ぎていたかも。それだと，習慣や価値観が異なる人と一緒に暮らすのが難しくなるね。

(2021共通テスト・本試・第2日程・改題)

問1　下線部①に関連して，言語についてのウィトゲンシュタインの考え方の説明として最も適当なものを，次の①〜④のうちから一つ選べ。 知・技 　　□

①言語とは世界のあり方を写し取るものである，と考える写像理論によれば，言語に対応する事実を確定できない神や倫理のような事柄については，真偽を問うことができない以上，沈黙しなければならない。

②言語とは世界のあり方を写し取るものである，と考える言語ゲーム論によれば，日常生活における具体的な言語使用の実践を離れて，万人に妥当する普遍的な言語の規則を決定しなければならない。

③言語の規則は言葉の使用を通じて形成される，と考える写像理論によれば，言語に対応する事実を確定できない神や倫理のような事柄については，真偽を問うことができない以上，沈黙しなければならない。

④言語の規則は言葉の使用を通じて形成される，と考える言語ゲーム論によれば，日常生活における具体的な言語使用の実践を離れて，万人に妥当する普遍的な言語の規則を決定しなければならない。

(2021共通テスト・本試・第2日程)

問2　下線部②に関連して，次のア・イは，他者との関わりやコミュニケーションに関して考えた思想家についての説明であるが，それぞれ誰のことか。その組合せとして正しいものを，下の①〜⑥のうちから一つ選べ。 思・判・表 　　□

ア　個人の主観的意識を超えた構造として言語を捉え，自由で主体的にみえる人間の言語活動や思考も，そうした構造によって可能になっているとして，構造主義の成立に大きな影響を与えた。

イ　「コミュニケーション的理性(対話的理性)」に基づいて，論拠を示しながら意見を述べ合い，互いに合意を形成していく自由な討議によって，多様な価値観が共存し得る社会が形成されると考えた。

① ア　ベルクソン　イ　ソシュール　　② ア　ベルクソン　イ　ハーバーマス

③ ア　ソシュール　イ　ベルクソン　　④ ア　ソシュール　イ　ハーバーマス

⑤ ア ハーバーマス　イ ベルクソン　　⑥ ア ハーバーマス　イ ソシュール

(2021共通テスト・本試・第2日程・改題)

問3　下線部③に関連して，共同体主義(コミュニタリアニズム)の思想を踏まえた上で，現代の思想家チャールズ・テイラーの次の文章を読み，その内容の説明として最も適当なものを，下の①～④のうちから一つ選べ。　思・判・表

> 言語は，それを共に話す人々の間にのみ存在し，そこでのみ維持される。そしてこのことは，自我というものについての，ある重要な特徴を指し示している。……自分が何者なのかは，言葉を発する自分の立ち位置から明らかとなる。例えば，家族関係，社会的な空間，社会的地位や役割の位置関係，愛する人たちとの親密な関係における，自分の立ち位置である。中でも特に重要なのは，自分の道徳や精神のあり方が方向付けられるような空間であり，そこにおいてこそ，自分が何者であるのかを規定する最も重要な諸関係が立ち現れてくるのである。……この意味において，人は自分一人では自我であることはできない。人は，特定の対話者たちとの関係においてのみ，自我たり得るのである。
>
> (『自我の源泉』より)

①自分が何者かは，同じ言語を話す人々との対話を通じて明らかになる，とテイラーは考えている。これは，公正としての正義という普遍的原理に基づいて社会のルールを決めるべきだと考える共同体主義に反する。

②人の精神のあり方は，共同体における個人の立ち位置とは無関係に決定される，とテイラーは考えている。これは，自分が属する共同体の伝統や文化が個人のアイデンティティを作っていくと考える共同体主義に反する。

③言語は，それを共に話す人々の間に存在し，そうした人々との関係の中で自我が成り立つ，とテイラーは考えている。これは，個人は社会から独立した自由な存在であるという考えを批判する共同体主義に通じる。

④自我は，同じ言語を話す共同体の人々との自由な対話により作られる，とテイラーは考えている。これは，個人の自由を最大限に尊重し，国家の強制的な課税による福祉政策を批判する共同体主義に通じる。

(2021共通テスト・本試・第2日程)

問4　下線部④に関連して，歴史の捉え方や，歴史の中で生きる人間のあり方に関して考察した思想家についての説明として最も適当なものを，次の①～④のうちから一つ選べ。　知・技

①リオタールは，「小さな物語」が乱立し，歴史の全体が様々な立場から説明される状況を批判し，統一的な「大きな物語」の復権を説いた。

②フーコーは，真理が発見されるに至った歴史的過程を描くことで，人間が普遍的理性に基づく絶対的な真理を探求する「知の考古学」を提唱した。

③レヴィ＝ストロースは，人間の社会が未開から文明へ発展するという文明史観に基づいて，未開社会を生きる人々の思考の独自性を強調した。

④ヨナスは，時間の経過の中で現在の行為が将来にも影響を与えるため，現在の世代が将来世代に対して責任を持つとした。

(2021共通テスト・本試・第1日程)

34 日本の風土と伝統

1 風土と人間

(1)人間形成を左右する要因……生活習慣や言語，人間関係のあり方，教育や社会制度など

(2)❶　　　　　　……文化を類型化した❷　　　　　　　　は人間形成の原点ととらえる

　①❶　　　　　　を規定する要因……気候や地形などの地理的条件，生活のあり方，自然や人間のとらえ方──→人間形成を左右する要因を考える視点に

2 日本の風土と生活

(1)❸　　　　　　　　　　　の影響を受ける日本……温暖湿潤な気候──→水稲耕作──→定住──→灌漑や開墾などの共同作業──→❹　　　　　　性が重んじられる

(2)村落共同体(むら)での生活……祭りや儀式などの習俗を生み出す──→死者の霊魂が留まる地として海や山の❺　　　　　　に通じる場を想定

(3)自然……人間に恩恵をもたらすと同時に，災害などの脅威をもたらす
　──→自然と❻　　　　　┬①自然のうちに生かされているという観念
　　　　　　　　　　　　└②荒ぶる自然に対しては耐えるという観念

(4)❷　　　　　　　　　の文化類型……日本人の特性を，自然に対して❼
　　　　　　　　的で忍従的な国民性とした

類型		モンスーン型	❽　　　型	❾　　　型
風土	自然	人に恵みと一過性の暴威をもたらす	乾燥した土地ときびしい自然	牧草地に恵まれた穏やかな自然
		農耕生活	遊牧生活	農耕と牧畜
		南・東南・東アジア	北アフリカ，西アジア	ヨーロッパ地域
	人間と宗教	定住性	移動性	開拓と定住性
		自然に対しては❼　　　的で忍従的	自然に対しては❿　　　的で対抗的	自然に対しては⓫　　　的で征服的
		ヒンドゥー教，仏教	ユダヤ教，イスラーム	キリスト教が発展

3 神話の世界，「ハレ」と「ケ」，「ケガレ」

(1)⓬　　　　　　……人間の力をこえた不可思議な自然現象や存在物

(2)⓭　　　　　　……霊魂や精霊などの霊的存在に対する信仰

(3)⓮　　　　　　……数多くの神々を祀る日本人の神に対する概念

(4)⓯　　　　　　……土地の守り神

(5)⓰　　　　　　……一族の共同体の守護神

(6)『⓱　　　　　　』や『日本書紀』……神々の系譜が現実社会の統治者であった⓲　　　　　　につながるものとして叙述される

(7)天御中主神は高天原に「なりませる神」──→神の存在は，おのずと「⓳
　　　　　　」とする日本の考え方の表れ

(8)❷⓪ 　　　　　……自然の恵みに生きる日常である「ケ」が枯れてしまった状態

(9)祭祀の日「ハレ」──▶現代のさまざまな祭りに息づく

4 清明心，現代に生きる伝統の倫理

小見出しの問い
①日本人の倫理観のツールは，どのようなものだろうか。
②日本人らしい考え方は，どのような形で現代に表れているのだろうか。

善	悪（罪や❷⓪　　　　　）
❷①	自己の利害を考える「汚き心」
他者のために献身する「清き心」	❷② 　　　　　の秩序を破壊すること
うそ・いつわりのない「明き心」	日常の平安を脅かすこと（病気や自然❷③　　　　）
❷④ 　　　　（罪や❷⓪を除く） ❷⑤ 　　　　（水で罪や❷⓪を清める）	外から付着した一時的なもの（取り去ることができる）「水に流す」

(1)❷① 　　　　　　　の観念……**正直**の心，**誠**の心として後世に伝わる

(2)日本人の伝統意識……在来文化が外来文化を取り入れ，**重層的**に形成

```
ステップ　アップ ▶
```

1 古代日本における祭祀に関する記述として適当でないものを，次の①〜④のうちから一つ選べ。

①祭祀に奉仕する者は，身心に付着した穢れを除くために禊を行った。

②祭祀を執り行う者は，聖職者として政治的支配階層から排除されていた。

③祭祀を妨げる行為は罪とされ，これを犯した者には祓えが課せられた。

④祭祀の場では，神に対して欺き偽らない心のありようが重んじられた。（2003センター試験・本試）

2 『古事記』に描かれる神と世界の関係についての説明として最も適当なものを，次の①〜④のうちから一つ選べ。

①世界は，唯一絶対の神が混沌から作り出したものであり，この神が世界に存在するすべてのもののあり方を定めている。

②世界には多数の神々が存在し，その背後には唯一絶対の神が控えている。この神を祀ることで，世界は安定を保っている。

③世界の中心には高天原があり，そこに暮らす神々が世界に存在するすべてのもののあり方を定めている。

④世界は，唯一絶対の神を根拠とするのではなく，おのずから成った世界であり，そこに多数の神々が存在している。（2018センター試験・本試）

3 和辻哲郎の代表的著作の一つに『風土』がある。和辻はその中で自然環境と深い関わりをもつ人間の存在や文化のあり方を「風土」と捉え，三つに分類しているが，その分類として最も適当なものを，次の①〜④のうちから一つ選べ。

①大陸型・半島型・島嶼型　　　　　②熱帯型・温帯型・寒帯型

③アジア型・ヨーロッパ型・アフリカ型　④モンスーン型・沙漠型・牧場型

（2007センター試験・本試）

4 清明心とは何か，50字以内で説明せよ。

●エピソード● 和辻哲郎は，同時代を生きた複数の文人と交流があり，特に夏目漱石からは強い影響を受けた。和辻の書いたエッセイには，漱石との交流を描いた「漱石の人物」がある。

35 日本仏教の展開①

平和ということばなどに
みられる「和」とは，どの
ような意味なのだろうか。

1 聖徳太子の和の精神

(1)❶ ……仏教や儒教を取り入れ，官吏や豪族が守るべき
道徳原理として❷ の精神を説く──「憲法十七条」制定
(2)❶ の人間観──人間はみな「❸ 」
「❹ ， 」のことばを残す

なぜ，仏教の力で国を護
ることができると考えた
のだろうか。

2 鎮護国家

(1)奈良時代の仏教……天下の安泰を祈る❺ の役割
　──聖武天皇は国分寺や国分尼寺，東大寺の大仏などを建立
(2)唐僧❻ の渡来──東大寺に戒壇をつくり，唐招提寺を建立
(3)❼ ……土木事業，救済施設の設置などを通して民間に仏教を布
教

なぜ，仏教と日本古来の
神々とを融合させようと
したのだろうか。

3 神仏習合

(1)奈良時代から❽ の現象
　──仏教と日本古来の神々への信仰を融合。神宮寺の建立
(2)❾ 説……神の本来の姿は仏。神とは仏が仮に姿を変え
て現れたものだとする思想

①あらゆる人が救われる
　道を求めた最澄は，ど
　のような主張を展開し
　たのだろうか。
②密教には，どのような
　特徴があるのだろうか。

4 最澄，空海

(1)平安時代には遣唐使船がもたらした新宗派が出現
　──最澄や空海は，❺ の性格を残しながらも，政治権力
　　と結びついた❿ などの既成の仏教を批判
(2)最澄……⓫ 宗(円教・禅・戒律・密教の融合)を開く
　　　　比叡山に⓬ (のちの延暦寺)を建立
　①『⓭ 』の大乗精神こそが真の仏教の教え
　②ゴータマ・シッダッタの教えの本質
　　・⓮ ……すべての生あるものには仏
　　性(仏になる可能性)がある
　　・⓯ ……仏性を自覚して修行することが悟りに至る唯
　　一の方法とする教え
(3)空海……⓰ 宗を開き，高野山に金剛峯寺を建立
　①行者は身に印契を結び，口に真言を唱え，意(心)に本尊を観ずること(三
　密)で，⓱ と一体化できる＝⓲
　②⓳ ……行によってのみ到達できる秘密の教え⇔顕教
　③⓴ 祈禱……⓴ は仏の慈悲心が衆生の信心と一体にな
　ること，祈禱は災厄を取り除くために祈ること。⓳ の特徴
　　──⓫ 宗の⓳ 化：現世利益的な⓴ 祈禱の
　　色彩を強める

1 教科書p.146「📖 山家学生式」を読み，「一隅を照らす」という生き方とは，どのようなものだろうか，考えよう。

2 教科書p.147「📖 秘蔵宝鑰」を読み，空海は人間をどのようなものととらえているだろうか，考えよう。

3 聖徳太子の事跡と伝えられていることとして最も適当なものを，次の①〜④のうちから一つ選べ。

①無量寿経・観無量寿経・阿弥陀経の注釈書である『三経義疏』を著した。

②儒教や道教よりも仏教が優れていることを説く『三教指帰』を著した。

③現世を汚れた世界とみなす「厭離穢土，欣求浄土」という言葉を残した。

④現世をはかないものとする「世間虚仮，唯仏是真」という言葉を残した。

（2007センター試験・本試）

4 比叡山に延暦寺を建立した最澄の思想についての記述として最も適当なものを，次の①〜④のうちから一つ選べ。

①正しい仏教を樹立することによって，立正安国が達成されると主張した。

②『法華経』の教えを中心とし，すべての衆生に仏性があることを強調した。

③ひたすら修行をすることが，そのまま悟りの証（あかし）であると考えた。

④この宇宙の諸事象は，すべて大日如来のあらわれであると説いた。

（2001センター試験・本試）

5 密教と顕教についての空海の考えの説明として最も適当なものを，次の①〜④のうちから一つ選べ。

①顕教は出家者自身の悟りを追求する教えであるのに対し，密教は大日如来の秘密の慈悲に基づき，在家者を対象とする教えである。

②顕教は釈迦が言葉によって説いた教えであるのに対し，密教は言葉の働きを信頼せず，大日如来を中心に世界を図像化した教えである。

③顕教は釈迦が人々の能力に応じて説いた仮の教えであるのに対し，密教は，大日如来が自らの境地そのものを説いた秘密の教えである。

④顕教は自力による悟りを目指す教えであるのに対し，密教は自力よりも，大日如来からの働きかけという他力を重視する教えである。

（2005センター試験・追試）

6 最澄が尊重した「一切衆生悉有仏性」とはどのようなことか，40字以内で説明せよ。

●エピソード● 曼荼羅はサンスクリット語で円・壇を意味する。永遠不滅の真理である大日如来を中心に，仏の世界を壇の形式で図示したものである。本格的な伝来は空海による請来によってである。

36 日本仏教の展開②

小見出しの問い
民衆が末法思想にひかれ，救いを強く求める背景には，どのようなことがあったのだろうか。

1 末法思想

(1)❶ 　　　　　思想……ゴータマ・シッダッタの入滅後，正法・像法を経て仏法が衰えて教えだけが残り，世が乱れる時代が到来するという考え方

(2)❶ 　　　　思想の流行……11世紀，社会の秩序が混乱。人々は不安と世の無常とを痛感

　──→極楽浄土への往生を説く❷ 　　　　　　　　　　　が広まる

(3)❸ 　　　　　　　……人々に**厭離穢土・欣求浄土**を説き，阿弥陀仏のいる西方極楽浄土への往生を求めるべきだと説いた

　①❹ 　　　　念仏……阿弥陀仏の姿とその力を心に思い描く

　②❺ 　　　　念仏……阿弥陀仏の名を称え救われようと仏によびかける

(4)❻ 　　　　　……人々に「南無❼ 　　　　　　　　　」と念仏を称えて回る。阿弥陀聖(市聖)とよばれる

2 専修念仏を説いた法然

●**法然**……❽ 　　　　　宗を開く。修行法のなかから念仏だけを選びとる❾ 　　　　　　　　　を説く

(1)他力易行……誰でも「南無❼ 　　　　　　　　」と称名(念仏)すれば，❿ 　　　　　　　　によって救われる

(2)法然の信仰の特徴……救済の方法を選び(選択)，誰にでも実践できる容易な修行(⓫ 　　　　　)にひたすら打ちこむ(専修)

小見出しの問い
すべての人を救うという思想と具体的な実践とが結びつくと，どのような思想が生まれるのだろうか。

3 絶対他力にすがる親鸞，踊念仏を広めた一遍

●**親鸞**……⓬ 　　　　　　　宗を開く。肉食妻帯し，非僧非俗の身として自覚

(1)⓭ 　　　　　　　……自己の罪悪を自覚し，❿にすがるしかない煩悩具足の⓮ 　　　　(悪人)こそが念仏によって救済される

(2)⓯ 　　　　　　　の思想……人は自然に救われるべくして救われる(⓰ 　　　　　　　)とし，阿弥陀仏のはからいにすべてを任せることが極楽往生への道とする

(3)報恩感謝の念仏……親鸞にとっての念仏は，❼ 　　　　　　　　　への感謝を示すもの

●**一遍**……⓱ 　　　　宗を開く。踊念仏を広める

小見出しの問い
①すべてを委ねる境地とはどういうものだろうか。
②日常のすべてを臨終のときとする考え方は，人々にどのような影響をあたえるのだろうか。

4 臨済宗を伝えた栄西

(1)禅の思想……解脱に至る修行として⓲ 　　　　　　　を説く

(2)栄西……宋に渡って禅を学び，⓳ 　　　　　宗を伝える

　①公案を通して弟子を教え導く──→悟りに向かう

　②不立文字……ことばですべてを表すことはできない──→ことばで考えるのではなく，日常の行為・現象に悟りがあるという思想に展開

　③戒律を守り，⓲ 　　　　　　　の修行によって心身を磨き，国家に役立つ人物

小見出しの問い
禅の境地とは，どのようなものだろうか。

を育成することが重要とする

④鎌倉や京都に寺を建立，朝廷や幕府の上層部に禅の信仰を広めた

5 曹洞宗を伝えた道元

●**道元**……宋から⑳＿＿＿＿＿宗を伝える

(1)㉑＿＿＿＿＿……ひたすら坐禅して自己を磨くこと

(2)㉒＿＿＿＿＿……身心のとらわれから自然に離れること

(3)㉓＿＿＿＿＿……日常の活動すべてが修行であり，修行であれば証(悟り)そのものであること

【小見出しの問い】
悟りと修行，悟りと日常が不可分であるとは，どのようなことだろうか。

6 日蓮の教え

●**日蓮**……㉔＿＿＿＿＿宗(法華宗)を開く。「法華経の行者」

(1)『**法華経**』(大乗経典の一つ)……ゴータマの最高の教えを説いたものとする

(2)㉕＿＿＿＿＿の行……「**南無妙法蓮華経**」という七字の㉖＿＿＿＿＿を唱える

(3)**四箇格言**を唱えて他宗派批判──→迫害や弾圧

●**鎌倉仏教のまとめ**

宗派	開祖	主要著書	中心寺院
浄土宗	法然	㉘＿＿＿念仏集	知恩院
浄土真宗	㉗	教行信証	本願寺
臨済宗	栄西	㉙	建仁寺
曹洞宗	道元	正法眼蔵	㉛＿＿＿寺
日蓮宗	日蓮	㉚	久遠寺

【小見出しの問い】
日蓮は，どのような主張を展開したのだろうか。

7 旧来の仏教の革新

(1)華厳宗の㉜＿＿＿＿＿(高弁)……南都仏教の復興

悟りを求める心(菩提心)が修行の出発点

──→⑦＿＿＿＿＿にすがれば救われるとする法然を批判

(2)真言律宗の㉝＿＿＿＿＿や**忍性**……ハンセン病患者などへの救済活動や慈善事業をおこなう──→「律国賊」と批判する日蓮と衝突

【小見出しの問い】
旧来の仏教は，新しい動きに対して，どのように反応したのだろうか。

8 室町時代の宗教

(1)鎌倉仏教の民衆浸透……室町時代から戦国期

(2)浄土真宗の㉞＿＿＿＿＿……『㉟＿＿＿＿＿』で教えを説き，講を組織して信徒の団結をはかる

(3)臨済寺院では鎌倉五山と京都五山が制度化

↓仏教を学ぶ補助学(外典)として㊱＿＿＿＿＿を学ぶ風習が広まる

㊲＿＿＿＿＿……薩南学派という㊱研究の拠点をつくる

(4)神道の㊳＿＿＿＿＿……反本地垂迹説の立場で**唯一神道(吉田神道)**を唱える

(5)16世紀中頃，キリスト教宣教師が渡来してキリスト教を広める

【小見出しの問い】
室町時代には，仏教や神道にどのような動きがあったのだろうか。

●**エピソード**● 一遍は，念仏を称えれば信不信，浄不浄の別なく，誰もが往生できると悟り，「南無阿弥陀仏，決定往生，六十万人」と記した紙片(賦算)を配った。

9 江戸時代の宗教と民衆

(1)江戸幕府……キリスト教禁教の徹底，寺院に対する統制の強化

(2)沢庵や良寛……心の苦悩からの解放と人間救済の思想の広まり

(3)曹洞宗の❸❾　　　　　　……「世法即仏法」を説き，家業に専念することが仏道の修行になる(職分仏行説)という職業倫理を展開

(4)17世紀中頃，明から❹⓪　　　　　が来日し，**黄檗宗**を開く……明の念仏禅の影響を受ける

ステップ アップ≫

１ 教科書p.149「📖欺異抄」を読み，阿弥陀仏の本願にかなうとはどういうことだろうか，考えよう。

２ 教科書p.150「📖興禅護国論」を読み，栄西は禅の特徴をどのように説いているだろうか，考えよう。

３ 教科書p.153「📖白骨の御文章」を読み，蓮如は「無常観」をどのように説いているだろうか。そして，無常にどのように向きあうべきだと説いているだろうか，考えよう。

４ 次の道元の文章を読み，その趣旨を記述したものとして適当でないものを，以下の①〜④のうちから一つ選べ。

> 仏道をならふといふは，自己をならふ也。自己をならふといふは，自己をわするゝなり。自己をわするゝといふは，万法に証せらるゝなり。万法に証せらるゝといふは，自己の身心および他己の身心をして脱落せしむるなり。　　　　　　　　　　　　(道元『正法眼蔵』)

①修行に徹するということは，自己中心的なあり方を去り，自己を包むものとしての世界と真に出会うことにほかならない。

②修行に徹するということは，世界を超えた仏の力が自己に入ることであり，自己が仏と一体化していくことを意味する。

③修行に徹するということは，本来の自己に目覚めることであり，そのような自己において，身心への執着は消滅している。

④修行に徹するということは，自己が世界に向かうありようではなく，世界の方から自己が根拠づけられることを意味する。　　　　　　　　　　　(2005センター試験・追試)

５ 坐禅とは何か，また，起源はどこにあるとされているか，50字以内で説明せよ。

37 伝統思想の成熟，日本儒学の展開

1 無常観と美意識

(1)**❶**　　　　　　　……この世はすべて移ろうものであり，それに執着せずに仏道に専念すべきとする

──→信仰のあり方から，四季の変化を受けとめる感受性や時の移ろいを肯定的に見る態度へと変化

(2)**❷**　　　　　　　……歌人。漂泊する身のわびしさを自然の風景に重ねて表現

(3)**兼好法師**……『徒然草』で仏教の**❶**　　　　　　　を文学の主題とする

(4)**❸**　　　　や枯山水の庭園……枯淡を好み，極度に単純化されたなかに美を愛でる

小見出しの問い
仏教がもたらした思想は，どのように根づいていったのだろうか。

2 芸道の精神

(1)華道……花自体を鑑賞対象とするようになり，その生け方が様式化されて立花とよばれる

(2)能……**❹**　　　　　　　が大成。主著『風姿花伝』

芸事に必要な「花」━①**時分の花**：表面的なもの
　　　　　　　　　　┗②**❺**　　　　　　　：秘められた花が自然と雰囲気としてかもしだす

(3)茶道……室町時代に創始。**❻**　　　　　　　がわび茶を大成

①**❼**　　　　　……素朴で簡素ななかに求められた理想の境地

②**❽**　　　　　　　の精神を重んじ，**❾**　　　　　　　の考えで茶会にのぞむ

(4)**❿**　　　　　……移ろいゆくものをいとおしみ，寂しい自己が安らぎを発見する境地──→**⓫**　　　　　　　は俳諧の精神と説く

(5)貴族や武士の文化──→庶民に受け入れられ伝統として継承

──→日本人の生き方の一つのモデルとして受け継がれる

小見出しの問い
日本独自の感性は，どのようにして生まれてきたのだろうか。

3 儒教の伝来と展開

(1)儒教思想……遅くとも6世紀には日本に伝来

(2)「憲法**⓬**　　　　　」……仏教と並んで儒教思想をたくみに反映する

(3)**⓭**　　　学の伝来……鎌倉・室町時代に伝来。おもに寺院で研究

──→江戸時代の儒学は，仏教から独立することによってはじまった

小見出しの問い
なぜ，仏教寺院で儒教が学ばれることになったのだろうか。

4 朱子学の思想

(1)**藤原惺窩**……日本朱子学の祖。彼の系統は**京学**とよばれる

(2)**⓮**　　　　　……徳川将軍家に仕える。外交文書の作成が任務

①**⓯**　　　　　　　……敬によって欲望をおさえ，本来の心を保つ

②**⓰**　　　　　　　を説き，上下尊卑の別を認め，封建的身分秩序を思想的に根拠づけ

(3)**⓱**　　　　　　　……幕府の重臣として政治に関与した初の儒者

小見出しの問い
朱子学が仏教から自立したのは，なぜだろうか。

●エピソード● 有名な「初心忘るべからず」は，世阿弥が50歳半ばに書いた『花鏡』のなかのことばである。

①朱子学の合理精神を発揮

②宣教師シドッチを尋問して『❶⑱ 　　　　　　　　　』を著す

(4)❶⑲ 　　　　　　　　……対馬藩(長崎県)に仕える

「誠信の交わり」を主張して朝鮮との外交を担当

(5)❶⑳ 　　　　　　　　……道徳や教育，薬学といった幅広い分野を研究。

『**養生訓**』や『**大和本草**』を著す

(6)❷① 　　　　　　　　……土佐藩(高知県)で南学を学ぶ。儒学と神道を融

合させた❷② 　　　　　　　　を創始

──→厳格な「**敬**(つつしみ)」を重んじ，武士階級に広く浸透

小見出しの問い
日本の陽明学は，どのように展開したのだろうか。

⑤ 陽明学の思想

(1)❷③ 　　　　　　　　……近江聖人とよばれる。主著『翁問答』

①学問の目的＝日常生活を導く道理を得ること

②世界の万物を規定する❷④ 　　　を重視

──→道徳の形式より，その精神と実践を重視

時と処(場所)と**位**(身分)に応じた道徳の実践を重視

(2)❷⑤ 　　　　　　　　……❷③の門下。岡山藩で藩政に携わる。平和を守り，

庶民を治める新しい近世的な武士の役割(「**民の守護**」としての武士)を主張

(3)❷⑥ 　　　　　　　　……私塾洗心洞を開く。**万物一体の仁**にもとづ

き貧民救済のために挙兵

小見出しの問い
①日本独自の儒学にはどのようなものがあるのだろうか。
②山鹿素行の士道とは，どのようなものだろうか。
③古義学は，何を主張したのだろうか。
④古文辞学は，どのような考え方だろうか。

⑥ 古学派の思想，山鹿素行の古学，伊藤仁斎の古義学，荻生徂徠の古文辞学

●❷⑦ 　　　　　　派……儒教本来の教えは，後世の解釈を通してではなく，直接

『**論語**』や『**孟子**』などの原典から学びとるべきという考え方

(1)❷⑧ 　　　　　　　　……日常的な実践を重んじる古学(**聖学**)を主張

❷⑨ 　　　　　　(三民の師としての武士像)を説く。主著『**聖教要録**』

(2)❸⓪ 　　　　　　　　……京都の商家に生まれる。主著『**童子問**』

①❸① 　　　**学**……直接孔子や孟子の原典を忠実に読み，聖人の道を理解

②儒教の根本精神……日常生活のなかで自然と表れる思いやり(**仁愛**)

──→仁愛を成り立たせているのが，❸② 　　　である

③『❸③ 　　　　　』を「**最上至極宇宙第一**」の書として尊重

(3)❸④ 　　　　　　　……❸⑤ 　　　　　　　　**学**を開き，古代の中国語の意

味内容を把握する必要を説く。主著『**弁道**』

①学問の目的＝古代の聖人が立てた道(**先王の道**)にもとづいて，世を治め，

民を救うこと(❸⑥ 　　　　　　　　)にある

②従来の儒教が具体的な社会制度(**礼楽刑政**)に無関心であった点を批判

③社会の制度や政治のあり方＝❸⑦ 　　　　　　　　　　　を重視

小見出しの問い
①江戸幕府は，儒教のどの学派を支持したのだろうか。
②中国の儒教と日本の儒教のちがいは，どのようなところにあるのだろうか。

⑦ 幕府の教学政策，近代国家形成への影響

(1)武士の官僚化……江戸時代に入り，社会秩序を保持する役割が強調

──→各藩は武士を対象とした藩校を設立。文武両道の理念のもと儒学を学ぶ

(2)学問の多様化への対応──→聖堂学問所(のちの**昌平坂学問所**)では，朱子学

のみを講じるよう命じられる(㊳　　　　　　　　　)

(3)明治時代……封建的，旧時代の思想であるとして儒教批判が多くなる

　①儒教が国民道徳として浸透するのは明治時代になってから

　　──→㊴　　　　　　　　　の中心徳目は「忠孝心」

　②日本では，国家のために働くべきとする滅私奉公の思想を重視

　③儒学思想の影響を受けた正義の観念や倫理意識

　　──→現代の価値意識と根底でつながる

ステップ　アップ≫

❶教科書p.161「📖伊藤仁斎の「誠」」を読み，伊藤仁斎が人にとって根本的な徳としたことは，どのようなことだろうか，考えよう。

❷教科書p.163「📖荻生徂徠のことば」を読み，荻生徂徠は人々にどのような生き方を提案したのか，考えよう。

❸藤原惺窩の思想的展開の説明として最も適当なものを，次の①〜④のうちから一つ選べ。

　①禅宗が支配層の支持を集めていたのに対し，民衆の強い支持を得ていた儒学の影響力の大きさに注目し，国教にすることを主張した。

　②実社会の利害にまみれた禅宗よりも，出世間を説く儒学の教えに深く共感し，権力者におもねることなく多くの優れた弟子を養成した。

　③道徳や礼儀による社会秩序を説く儒学の教えに強く引かれ，儒学を五山僧の教養から独立させて，近世日本に定着させる端緒をなした。

　④身分秩序を重んじ社会の安定を説く儒学に心を動かされ，徳川家康に仕えて，幕藩体制を支える学問としての朱子学の基礎を固めた。　　　　　　　　　　　　(2010センター試験・追試)

❹伊藤仁斎の主張を表した文章として最も適当なものを，次の①〜④のうちから一つ選べ。

　①仁の徳とは宏大なものである。しかし，一言でもってこれを言い尽くそうとすれば，愛そのものにほかならない。

　②天下を安んずるには身を修めることが根本だが，しかし，必ず天下を安んずるという心がけに基づかねばならない。それが仁である。

　③礼とは人に慎みがあって，物事の順序を乱さないことを言う。若者が老人を敬い，身分の卑しい者が高い者を尊ぶことが礼である。

　④理想としての道が実現していたから道という言葉がなく，道という言葉はなかったけれど理想としての道は実現していた。　　　　　　　　　　　　(2010センター試験・追試)

❺山鹿素行の士道は，武士にどのような生き方を求めているか，25字以内で説明せよ。

38 国学の成立，庶民の思想①

小見出しの問い
儒教的人間観に対して，国学は，どのような人間観を確立したのだろうか。

① 国学の成立と人間尊重の思想

(1)**国学**……❶　　　　　　　　的な人間観や道徳では把握できない人間の情緒の世界を表現する文学刷新運動

契沖⟶荷田春満⟶賀茂真淵⟶❷

(2)**契沖**……国学の祖，古代人の心になって古典を文献学的に研究

主著『❸　　　　　　　　　　　』

(3)❹　　　　　　　　　　……神道家として『古事記』『日本書紀』研究の基礎を築く

(4)**賀茂真淵**……『万葉集』の研究

❺　　　　　　　　　　　　……男性的でおおらかな歌風

古代人のもつ❻　　　　　　　　　　……人間の理想

② 本居宣長の「もののあはれ論」

小見出しの問い
本居宣長が人間の理想とした「心ある人」とは，どのような人だろうか。

(1)**本居宣長**……『源氏物語』，『❼　　　　　　　　　　』を解釈し，古代人の生き方を学ぶ。主著『古事記伝』

❽　　　　　　(仏教や儒教のものの考え方)を批判

❾　　　　　　　　　　……神代から伝わる神の御心のままなる固有の道

❿　　　　　　　　　　……うれしいとき，悲しいときの心を理解する感性

⓫　　　　　　　　の心……女性的でやさしい気風

⓬　　　　　　……儒教的なものの考え方を排した日本人本来の心

⓭　　　　　　……他者に対する共感能力をもつ人⟵心なき人

⟶儒教の「公」の思想に対し，宣長は⓮　　　　　　　　　　の世界を主張

(2)**平田篤胤**……政治的・宗教的色彩の強い⓯　　　　　　　　　を唱える

⟶幕末から明治維新にかけて⓰　　　　　　　　運動に影響

③ 庶民倫理としての義理と人情の世界

小見出しの問い
義理と人情は，どのように日本人の庶民倫理として普及したのだろうか。

(1)**義理**……「意味や訳」⟶「ものごとの道理，すじ道」⟶「人のふみおこなうべき道」(道義的な意味あい)として⓱　　　　　　　階層に定着

(2)**人情**……人間が本来もっている心の動き⟶「情け」，「いつくしみ」，「思いやり」として江戸時代の民衆に浸透

(3)町人経済の台頭⟶庶民の世界において，社会通念として存在した共同意識が義理ということばで表現されるようになる

(4)⓲　　　　　　　　……⓳　　　　　　　　　における利益追求や享楽生活を肯定，⓴　　　　　　　　　を重視

⟶人間の内面の心のあり方を人情として肯定的にとらえる考え方が強まる

(5)㉑　　　　　　　　　……義理と人情の葛藤を描く

「義理がたい」生き方や「人情味のある」行動

⟶㉒　　　　　　　や正直，誠実に共通する日本人の倫理意識の表れ

4 石田梅岩の心学と商人の倫理

(1)**石田梅岩**……封建的な身分関係を職能の相違ととらえる。主著『都鄙問答』

⑫　　　　　　と ⑬　　　　　　　　にもとづいた商いによる利の追求を肯定

⑭　　　　　　……自分の身分・職分・もち分に満足し，不平不満を
いだかない——商人の道の正当性を主張

(2)**石門** ⑮　　　　　　……神道・仏教・儒教・老荘思想などの影響を受けた生
活意識を体験的に体系化（各地の心学講舎を通して全国に広まる）

小見出しの問い

庶民生活から生まれた心学は，どのような倫理観と社会観を人々に示したのだろうか。

ステップ アップ≫

1 教科書p.167「🔊 営利行為の正当化」を読み，石田梅岩はどのように商人の営利行動を認めたのか，考えよう。

2 賀茂真淵の考える「天地の心」にのっとった生き方として最も適当なものを，次の①〜④のうちから一つ選べ。

①天はそもそも人間にとって測り知ることのできないものだから，無理に学問に努めるのでなく，天から受けた才を活かせるような職分を得て，互いに親しみ愛し合い，助け合って生きる。

②武士や商人は，天の恵みを受けて農民の耕作したものを不当に搾取しているから，そうした身分階級を打ち破って，すべての人が衣食住を自給する「自然世」に生きる。

③生きとし生けるものすべてが歌を歌うように古の人々も心のありのままに歌を歌っていたのだから，古の歌を通じて当時の人々の心と同化し，心のありのままに生きる。

④人間には士農工商の身分があるが，それぞれ「天の一物」であることに変わりはないのだから，もって生まれた己の本来の心を悟り，「天地と渾然たる一物」となって生きる。

(2006センター試験・本試)

3 本居宣長について説明した文章として最も適当なものを，次の①〜④のうちから一つ選べ。

①儒教や仏教を批判的に受容し，漢意に従った日本人の生き方を明らかにしようとした。彼が説いた「からくにぶり」とは，『古今和歌集』などにみられる，理知に富んだ歌風と心のあり方のことである。

②古代の和歌や物語を読解し，真心に従った日本人の生き方を明らかにしようとした。彼が説いた「もののあはれ」を知る心とは，世の様々なことに出会い，それらの趣を感受して「あはれ」と思う心のことである。

③『古事記』を読解し，そこに描かれている神々の事跡から，人間の普遍的な生き方としての道を見いだした。その道は惟神の道とも呼ばれ，儒教や仏教と同じく，神々に従って素直に生きる身の処し方であった。

④『古事記』を読解し，そこに描かれている神々の事跡から，日本人の生き方としての惟神の道を見いだした。惟神の道は古道とも呼ばれ，もはや実現不可能な，古代日本人に特有の理想的な生き方であった。

(2012センター試験・追試)

4 惟神の道について，30字以内で説明せよ。

●エピソード● 賀茂真淵は伊勢参宮の帰途，松坂の旅館で本居宣長と出会い，自分がはたせなかった『古事記』の注釈を託したといわれている。

39 庶民の思想②

小見出しの問い
町人の間に広まった儒学から，どのような思想が生まれたのだろうか。

1 町人出身の儒学者たち

(1)❶……………………………大坂町人の学問所。町人学者を輩出

　❶❷……………………………儒教・仏教・神道を批判的に研究

　　・『❸　　　　　　』……仏教の経典は，釈迦のことばにのちの各時代の解釈がつけ加えられ成立➡新しいものほど複雑，古いもののようによそおい，かえって煩瑣なものになる(❹　　　　　　説)

　❷山片蟠桃……『❺　　　　　　　　』で天文・地理・歴史・経済など多方面にわたる考察，合理的な見解を展開

　　・天文では❻　　　　　　　説を採用。合理的な見解を展開

　　・妖怪・幽霊や神話・迷信などを否定➡❼　　　　　　論を唱える

(2)❽……………………………豊後(大分県)で医業のかたわら，自然を探究する学問に没頭

　①❾……………………天地万物を構成する気の作用する法則

　②❿…………………………存在するものは対立する二つの要素の統一から成立➡❾　　　　　　を認識

　③人間と自然との関係……人間は自然の一部(⓫　　　　　　　　　)であると同時に自然を対象としてはたらきかける主体(⓬　　　　　　　　　)

　　➡この相反するものを統一したものとして人間は存在

2 農村からの思想

小見出しの問い
農村から豊かな生活を生みだすために，どのような思想が生まれたのだろうか。

(1)⓭……………………………八戸(青森県)の医者，農業労働に人間の本質を見る。主著『⓮　　　　　　　　　』

　①⓯……………………すべての人間が額に汗して耕す(⓰　　　　　　　　)理想的な平等社会

　　⬅➡⓱　　　　　　：身分階層に分かれた現実社会

　②⓲……………………二つの異質なものが，相互に対等で不可欠な関係として存在➡自然界と人間界を説明

　　・⓳　　　　　　……男・女，天・地などは対立するものではなく，一体として生き生きと運動するもの➡価値的な序列は存在しない

(2)二宮尊徳……大飢饉や自然災害などで疲弊した農村の復興を，農民の勤労倫理の確立によって克服しようとした

　①世界を支配する法則┬⓴　　　　……自然の営み
　　　　　　　　　　　└㉑　　　　　　……人間の働き(勤労と倹約)

　②㉒……………勤労と倹約によって，生活に余裕を残すこと

　　➡㉒　　　　　による余裕で他人や社会に貢献すること：㉓

　　　│生産労働を重んじ，勤労と努力，倹約からなる生活の規律を通して，
　　　↓農民の自己変革をうながし，広く賛同を得る

　③㉔　　　　思想……近代においても農村改良の指針として継承される

❶ 教科書p.168「🖥無鬼論」を読み，山片蟠桃はなぜ，神も鬼も存在しないと考えたのだろうか，考えよう。

> (空欄)

❷ 次のア～ウは，自然や世界について実証的考察を行った思想家についての説明であるが，それぞれ誰のことか。その組合せとして正しいものを，下の①～⑥のうちから一つ選べ。☐

ア　動植物への関心から博物学的な知のあり方を追究する一方で，日用の道徳を分かりやすく説くなど，朱子学を日常に活かす試みを行った。

イ　懐徳堂に学び，地動説に基づく独自の宇宙論を展開し，合理主義的観点から，霊魂の存在を認めない無鬼論を展開した。

ウ　懐疑的態度から世界のあり方を問い，気や理などの朱子学の用語を用いて自然の法則を探究し，条理学を構築した。

① ア　貝原益軒　　イ　三浦梅園　　ウ　山片蟠桃
② ア　貝原益軒　　イ　山片蟠桃　　ウ　三浦梅園
③ ア　三浦梅園　　イ　貝原益軒　　ウ　山片蟠桃
④ ア　三浦梅園　　イ　山片蟠桃　　ウ　貝原益軒
⑤ ア　山片蟠桃　　イ　貝原益軒　　ウ　三浦梅園
⑥ ア　山片蟠桃　　イ　三浦梅園　　ウ　貝原益軒　　　　　　（2013センター試験・本試）

❸ 安藤昌益の思想の説明として最も適当なものを，次の①～④のうちから一つ選べ。☐

①古代中国の聖人が制作した儀礼・音楽・刑罰・政治などの制度こそが，天下を安んずるための「道」であるとし，心の修養を求めることよりも，具体的な「道」を学び実践することによる効果の方が重要であると説いた。

②すべての人々が田畑を耕して衣食住を自給する平等社会を，理想的な「自然世」と呼んだ。そして，みずから耕さずに農民に寄生している武士などが存在する当時の差別社会を「法世」と呼び，「自然世」への復帰を説いた。

③名を求め，恥を知るという心のあり方を重んじる中世的な気風の武士道を批判し，儒学に基づく武士道としての「士道」を説いた。そして，武士は道徳的な指導者となって人倫の道を天下に実現すべきであると主張した。

④アヘン戦争で清がイギリスに敗北したことに衝撃を受け，西洋諸国に対抗するためには科学技術の移入が必要であると考えた。そして，「東洋道徳」とともに「西洋芸術」をも詳しく学ぶべきであると主張した。　　　　　　　　　　　　　　　　　　　　　（2011センター試験・本試・改題）

❹ 二宮尊徳が説いた「分度」と「推譲」について，50字以内で説明せよ。

> (解答欄)

●エピソード● 安藤昌益の『自然真営道』が発見されたのは1899（明治32）年であり，第二次世界大戦後，カナダの外交官E.H.ノーマンの『忘れられた思想家』によって，一般に知られるようになった。

40 幕末の思想，明治の啓蒙思想

蘭学は，どのような考え方を日本に紹介したのだろうか。

1 蘭学の成立と発展

(1)鎖国体制──→18世紀に洋書の輸入制限が緩和──→❶　　　　　　　が登場

(2)『**解体新書**』の訳述……前野良沢と❷　　　　　　　　　　による。オランダ医学の普及に努める

(3)幕府の対外政策を批判……❸　　　　　　　　　は『慎機論』を，**高野長英**は『戊戌夢物語』を著す──→蛮社の獄で弾圧

①西洋の科学技術を主体的に受け入れるために，儒教をどのように再解釈したのだろうか。
②緒方洪庵が注目した，医の倫理とは，どのような考え方だろうか。

2 時代を切り開く先駆者の思想，適塾の教育と医の倫理

(1)幕末の混乱期……新たな国家秩序の理念・思想を模索する動きが現れる

──→❹　　　　　　　　……幕府政治の正当性を説く。会沢正志斎『新論』が尊王攘夷運動の思想的支柱となる

(2)❺　　　　　　　　　　……アヘン戦争から科学技術の必要性を痛感
東洋の道徳を基本に，西洋の科学技術を主体的に受け入れる論理

──→「東洋の道徳，❻　　　　　　　　　」と表現＝❼　　　**洋才**

(3)❽　　　　　　　……「❾　　　　　　　　の理」(世界を支配する普遍的な法則)を提唱，戦争の根絶を目的とする開国平和論を説く

──→薩長同盟を推進した坂本龍馬らに影響

(4)❿　　　　　　　　　　……❺の門下で尊王倒幕を主張。倒幕の主体を，身分を問わない在野の人々に委ね(草莽崛起)，「⓫　　　　　　論」を説く。⓬　　　　　　　　から高杉晋作・伊藤博文などを輩出

(5)⓭　　　　　　……⓮　　　　　　主宰(福沢諭吉や橋本左内ら輩出)
ベルリン大学のフーフェラントの医学書の⓯　　　　　　　　に関する部分を翻訳──→ヒューマニズムと崇高な倫理を塾の基本方針とする

明六社は，日本の近代思想に，どのような影響をおよぼしたのだろうか。

3 明六社の人々

(1)明治政府による文明開化政策の推進──→啓蒙思想家による啓蒙運動の展開

(2)⓰　　　　　　　……1873(明治6)年，⓱　　　　　　　　を結成。多くの知識人が参加
男女対等の倫理の確立を「人倫の大本」とする，「妻妾論」を著す

(3)⓲　　　　　　……幕末にオランダに留学，哲学用語を考案

福沢諭吉の啓蒙思想は，日本の近代化にどのような影響をあたえたのだろうか。

4 独立自尊の精神

●⓳　　　　　　　　……主著『学問のすゝめ』『文明論之概略』

(1)日本人に欠けるもの＝「有形にして数理学，無形にして独立の精神」

──→⓴　　　　　　を通して合理的精神を身につけ，他人にたよらずに独立して生きる気力と精神を身につけることが重要

(2)人間の本質は平等──→現実の不平等は学ぶと学ばざるとによる

(3)㉑　　　　　　　を掲げた慶應義塾の創設

──→独立した近代国家としての日本を実現する国民の養成

(4)『㉒_____論』……西洋の文明国と進退をともにする脱亜入欧を説く

⑤ 自由・民権の思想と運動

■小見出しの問い■
自由や民権の思想はどのようにして日本に浸透し，そこからどのような社会運動が展開したのだろうか。

(1)啓蒙思想家によって西洋の近代思想が日本に紹介──日本においても「自由」と「民権」をめぐって多様な思想が展開

(2)㉓_____……**主権在民**を説く。専制政府に対する人民の㉔_____を主張──私擬憲法『東洋大日本国国憲按』を起草

(3)㉕_____……ルソーの『社会契約論』を翻訳して『民約訳解』を出版。㉖_____論を説き，フランス流の民権思想を普及させた──『三酔人経綸問答』で，政府があたえる㉗_____的民権を，人民が獲得する㉘_____的民権に発展させることを主張

ステップ アップ

■1教科書p.174「📖 福沢諭吉のことば」を読み，福沢諭吉は日本人には何が欠如していると考えたのかを考えよう。

■2次の文章は，福沢諭吉が文明について記述したものである。その説明として最も適当なものを，下の①～④のうちから一つ選べ。

　昔鎖国の時にありては，わが人民はもとより西洋諸国なるものをも知らざりしことなれども，今に至りてはすでにその国あるを知り，またその文明の有様を知り，その有様を我に比較して前後の別あるを知り，わが文明のもって彼に及ばざるを知り，文明の後るる者は先だつ者に制せらるるの理をも知るときは，その人民の心にまず感ずるところのものは，自国の独立如何の一事にあらざるを得ず。

(福沢諭吉『文明論之概略』)

①西洋よりも後れている日本は，東洋の伝統的精神のうえに，西洋文明をもっぱら知識・技術として積極的に摂取すべきである。

②西洋文明を知ることでかえって模倣に陥り，独立が危うくなる可能性があるので，その受容には慎重であるべきだ。

③後れている文明が進んでいる文明に支配される理屈は誤りであることを，西洋文明の摂取においても主張しなければならない。

④後れている文明は進んでいる文明に支配されるため，人々はまず日本の独立に心を向け，西洋文明を摂取しなければならない。

(2010センター試験・本試)

■3啓蒙思想家たちが結成したグループに明六社がある。次のア・イは明六社のメンバーに関する記述であるが，それぞれ誰のことか。その組合せとして正しいものを，下の①～④のうちから一つ選べ。

　ア　夫婦の相互的な権利と義務に基づく婚姻形態を提唱し，自らも実践した。

　イ　「哲学」，「理性」等の訳語を案出し，西洋哲学移入の基礎を作り上げた。

①　ア　中村正直　イ　加藤弘之　　②　ア　中村正直　イ　西　周

③　ア　森有礼　イ　加藤弘之　　④　ア　森有礼　イ　西　周　(2006センター試験・本試)

■4福沢諭吉の脱亜論について，50字以内で説明せよ。

●エピソード● 森有礼は，初代文部大臣として学制制定にもかかわり，また一橋大学を創設した。

41　日本社会とキリスト教，近代的自我の確立

日本人のキリスト教徒は，日本の文明開化や近代化にどのような役割をはたしたのだろうか。

1　文明開化とキリスト教

(1)❶＿＿＿＿＿＿……イギリス留学後，スマイルズの『自助論』を翻訳した『西国立志編』やミルの『自由論』を翻訳した『❷＿＿＿＿＿＿＿』を出版──新しい個人像を提唱，国民国家の形成にはたす宗教の役割を主張

(2)❸＿＿＿＿＿……京都に同志社英学校を創設(1875年)
──西洋近代文明はキリスト教の道徳主義の上に成立したととらえる

(3)札幌農学校……教頭として着任した❹＿＿＿＿＿＿＿の影響のもと，キリスト教徒が育つ──❺＿＿＿＿＿＿＿とよばれる

(4)❻＿＿＿＿＿……キリスト教の視点から文明評論。教育勅語への拝礼を批判。『日本評論』を刊行

内村鑑三や新渡戸稲造は，日本とキリスト教の共存をどのようにはかったのだろうか。

2　キリスト教と武士道

(1)❼＿＿＿＿＿……教会の組織や儀式にたよらず，『聖書』に書かれた「神の使命」を重んじる❽＿＿＿＿主義を主張
　①日本の文化的伝統のなかに，イエスの教えが根づく土壌の存在を主張
　　↓「武士道に接ぎ木されたるキリスト教」
　「❾＿＿＿＿＿」に対する愛＝日本とキリスト教が矛盾せず共存
　②日露戦争では❿＿＿＿＿を主張(平和主義)

(2)⓫＿＿＿＿＿……英文で『⓬＿＿＿＿＿』を著し，日本人の特質を欧米に紹介。国際連盟事務局次長などを歴任。「太平洋の懸け橋」

北村透谷は，文学でどのように個の確立をめざしたのだろうか。

3　政治と文学と信仰のはざまで

(1)西洋の近代思想の紹介……家や共同性を重んじる日本の伝統社会と西洋的な個人主義との対立が発生

(2)⓭＿＿＿＿＿……文学で個の確立をめざす
　──人間の内面的世界(⓮＿＿＿＿＿)における自由と幸福を重んじる
　　⓯＿＿＿＿＿論に行きつき，「信仰」と「愛」の必要性を説く

近代文学では，個人と伝統社会との間に生じた葛藤をどのように描いたのだろうか。

4　苦悩する自我

(1)近代的自我の確立──日本の伝統的な共同体社会と自我の確立との間におきる葛藤の克服が課題

(2)⓰＿＿＿＿＿……日本の表面的な文明開化と日本人の自我意識のあり方に疑問をもち，文明批評という方法で問題を指摘
　①他者を尊重しながら自己の生き方を貫く⓱＿＿＿＿＿を主張
　②晩年は自我と他者の調和した「⓲＿＿＿＿＿」を模索
　　──全体主義とエゴイズムに絶望し，「⓳＿＿＿＿＿」という自我に執着しない東洋的な無我の境地に回帰

(3)⓴＿＿＿＿＿……近代的自我の意識にめざめ，『舞姫』では新しい青年の生き方を描く

──個人と社会秩序の葛藤においては㉑＿＿＿＿＿＿（レジグナチオン）の立場
　　をとり，近代的自我の確立と日本の伝統的な生き方を冷静に見つめる
(4)㉒＿＿＿＿＿＿……当初ロマン主義の詩人として注目されるが，大
　逆事件を契機に社会主義に傾斜。『一握の砂』『悲しき玩具』などを発表

⑤ 女性解放と自立の思想

(1)近代的自我の確立を追求──女性の自立が課題となる
(2)自由民権運動期……**岸田俊子**，**景山（福田）英子**らが女性解放をめざす
　　──明治末には，家や社会通念に束縛されない生き方を主張する女性の出現
(3)㉓＿＿＿＿＿＿……『明星』の歌人，歌集『みだれ髪』を出版
　　──日露戦争に従軍した弟を想う「君死にたまふことなかれ」は，危険な反戦
　　　思想との批判を受けるが，心の真実を歌いあげる重要性を主張
(4)㉔＿＿＿＿＿＿……『㉕＿＿＿＿＿』を発刊。自ら輝く太陽
　となる自立した女性への転換を主張
　　①㉖＿＿＿＿＿＿らと女性参政権の実現などの運動を展開
　　②㉓＿＿＿＿＿＿と㉗＿＿＿＿＿＿論争を展開
(5)㉘＿＿＿＿＿＿……女性の貞操問題や妊娠中絶問題に取り組むなか
　で，無政府主義に関心を深める

小見出しの問い
女性の自立と解放を唱えた思想と運動は，どのような意味をもっているのだろうか。

ステップ　アップ

❶教科書p.179「📖 夏目漱石の自我について」を読み，自分と他人の自我は，なぜ対立するのか，考えよう。

❷次の文章中の　ア　・　イ　に入る人物の組合せとして最も適当なものを，下の①〜④から一つ選べ。

　近代のキリスト教徒のなかには，自尊のよりどころを，いわゆる武士道精神に求めようとした者たちがいた。札幌農学校に学び，後に米国に渡ってフレンド派（クエーカー）の信仰のあり方に影響を受けた教育者である　ア　は，「武士道」の語を海外へ紹介した。彼のようなキリスト教指導者の多くが，武士道を精神的な基盤とし，そのうえにキリスト教の信仰を受け入れようとした。横浜の教会でキリスト教に入信し，東京神学社を創設して日本の神学界において指導的な役割を果たした　イ　もその一人である。彼らの考えた武士道は，実際にはどの時代の武士の実像にも対応しない独自のものであったが，その後の武士に対する一般的なイメージに影響を与えた。

① ア　内村鑑三　　イ　植村正久　　② ア　内村鑑三　　イ　井上哲次郎
③ ア　新渡戸稲造　　イ　植村正久　　④ ア　新渡戸稲造　　イ　井上哲次郎

（2008センター試験・本試）

❸内村鑑三の無教会主義について，35字以内で説明せよ。

●**エピソード**● 新渡戸稲造は，札幌農学校卒業後に，東京帝国大学に進学するが，その面接の際に「われ太平洋の懸け橋たらん」と述べたといわれる。

42 社会思想の展開

国粋主義と欧化主義の共通点と相違点は，何だろうか。なぜ，この二つの思想が形成されたのだろうか。

1 国粋主義と欧化主義

(1)明治青年……新しい教育を受けた世代。明治20年代に登場。日本の近代化に対する異なった主張を展開
　　——❶＿＿＿＿＿＿主義と❷＿＿＿＿＿＿主義(泰西主義)が対立

(2)❶＿＿＿＿＿＿主義……西洋文化を受け入れる主体性として，日本の伝統思想を重視する立場。政府の欧化政策を批判
　①活動の中心……❸＿＿＿＿＿＿や志賀重昂らの❹＿＿＿＿＿＿
　②発行雑誌……『❺＿＿＿＿＿＿』
　③ナショナリズムの性格をあわせもつ——❻＿＿＿＿＿＿を転機とし，軍国主義と結びついて日本の特殊性を絶対視する**国粋主義**に変質
　④❼＿＿＿＿＿＿……新聞『日本』を発行。政府の急激な欧化路線を批判
　　——国民の統一を意味する❽＿＿＿＿＿＿主義を主張

(3)❷＿＿＿＿＿＿主義(泰西主義)……西洋文明の進歩に確信をもち，その延長上に日本の未来を描く
　①活動の中心……❾＿＿＿＿＿＿が創設した❿＿＿＿＿＿
　②発行雑誌……『国民之友』
　③政府の専制主義に対して**平民主義・自由主義**を主張
　　——欧米列強の三国干渉を契機に国家主義へと転じる
　④⓫＿＿＿＿＿＿……『日本改造法案大綱』を著して，青年将校のクーデターの思想的支柱となる。軍部による新しい体制を訴える超国家主義

2 日本思想の自立と国民道徳

西洋の哲学や道徳を学んだ日本の思想家は，なぜ，日本独自の思想の確立をめざしたのだろうか。

(1)⓬＿＿＿＿＿＿……西洋哲学と儒教の長所と短所を取捨選択し，『日本道徳論』を著す。新しい国民道徳の確立をめざす
(2)⓭＿＿＿＿＿＿……❻の解説書を執筆。世界に通用する普遍的道徳を人道ととらえ，人道と矛盾しない国民道徳の樹立を試みる

3 社会主義の思想

社会主義が問題とした日本の現状とは，どのようなものだろうか。

(1)日清戦争後の資本主義の発展——社会問題表面化——⓮＿＿＿＿＿＿思想が広がる
(2)**安部磯雄**や⓯＿＿＿＿＿＿ら……キリスト教の人道主義・博愛主義の立場から⓮＿＿＿＿＿＿を唱える
(3)⓰＿＿＿＿＿＿……堺利彦らと『平民新聞』を創刊し，反戦平和と⓱＿＿＿＿＿＿(アナーキズム)を主張
　　——⓲＿＿＿＿＿＿で処刑
(4)⓳＿＿＿＿＿＿……神戸のスラム街で伝道と救済活動をおこなうとともに，労働運動や消費組合運動に尽力
(5)⓴＿＿＿＿＿＿……経済学者の立場から㉑＿＿＿＿＿＿主義を主張，『貧乏物語』を著した

④ 大正デモクラシーの思想とその影響

(1) ㉒ _____ の時代……第一次世界大戦の軍需

景気により中間層が形成 ─→ 自由主義や民主主義に対する関心が高まる

(2) ㉓ _____ ……㉒ _____ を先導

① ㉔ _____ ……国家の主権は天皇にあるが，政治の目的は一般

民衆の利益幸福にあるという理論を提唱

(3) 自由と平等の意識 ─→ 女性解放運動や部落解放運動の高揚につながる

① ㉕ _____ の創立(1922年)

水平社宣言……「人の世に熱あれ，人間に光あれ」

(4) ㉖ _____ ……国家の統治権の主体は天皇でなく日本国家

にあり，天皇はその一機関であるとする ㉗ _____ **説**を主張

─→ 1930年代に天皇主権説が主流となり，㉖は公職から追放

ステップ アップ

1 教科書p.185「📖 民本主義」を読み，天皇主権と民本主義は，どのように両立したのだろうか，考えよう。

2 中江兆民から唯物論的な思想を学んだ幸徳秋水についての説明として最も適当なものを，次の①〜④のうちから一つ選べ。

① 国は人民によってできたものであると平易に民権思想を説き，主権在民を謳い抵抗権を認める私擬憲法を起草した。

② 国を支える農業と農民を大切に考え，農民が苦しむ公害問題を解決する運動に身を投じ，その解決の必要性を説いた。

③ 東洋の学問を実生活に役立たない虚学，西洋の学問を実生活に役立つ実学と呼び，後者を学ぶことの必要性を説いた。

④ 社会主義の立場から，当時の帝国主義を，愛国心を経とし軍国主義を緯とする20世紀の怪物と呼び，批判した。 　　　　　　(2009センター試験・本試)

3 吉野作造は「民本主義」を提唱した。その記述として最も適当なものを，次の①〜④のうちから一つ選べ。

① 憲法の規定内で民本主義を貫徹させるには，国民の意思がより反映する普通選挙の実施と政党内閣制の実現が望ましいと主張した。

② 民本主義の具体化のため，まず主権者である天皇の権力を制限することが重要であるとし，国民の意向による民定憲法の制定を主張した。

③ 国民が政治的に中立の立場を貫くことが民本主義にとって重要であるとし，国民を主体とした中道勢力による政党政治の実現を主張した。

④ 民本主義をデモクラシーの訳語として把握するかぎり，国民主権の確立こそが最初に達成すべき政治的な目標であると主張した。 　　　　　(2002センター試験・本試)

4 美濃部達吉の天皇機関説について，35字以内で説明せよ。

●**エピソード** 賀川豊彦の人道的活動はノーベル平和賞候補にもなったほか，日本初の市民による生活共同組合である神戸購買組合(現在のコープこうべ)の設立にもかかわった。

43 近代日本の思想課題

西田幾多郎が説いた，真の自己を知るとは，どのようなことだろうか。

1 日本哲学の確立

●**①**_____……西洋哲学を，東洋的な思索と経験において受けとめる

(1) 思慮や分別が加えられる前の意識現象である**②**_____に，本来の自己の根源と真実在の根底を見いだす

(2)**③**_____……対象に没入し，主観と客観が一体となる状態

(3) 主観の根底にすべてを包摂する「**④**_____」(**絶対無**)がある。現実世界にある対立するものは，「**④**_____」において同一(**絶対矛盾的自己同一**)である

　　──→意識の根底にある自己と他者をこえた統一を自覚することで，エゴイズムや「我」を克服して真に他者と交わり，調和的存在を実現

日本人独自の倫理観は，和辻哲郎によって，どのようにして確立されたのだろうか。

2 日本倫理学の構築

●**⑤**_____……西洋の個人主義的人間観を批判──→人間は歴史的・風土的な存在。他者との共同体的存在として自己を認識

(1) 人間は他者との関係をもった**⑥**_____**存在**として誕生

(2)**⑦**_____……個人と社会との相互関係において成立

民俗学は，現代の日本人にどのようなことを語りかけるのだろうか。

3 民俗学と土着の思想

(1)**⑧**_____……日本の庶民が築き上げた共同体と文化に，日本人の自己確立と自立の思想を見いだす

文字に残されない生活様式や祭り，伝承などの習俗をもとに，共同体で生活する**⑨**_____の思想を明らかにする日本の**⑩**_____を確立

(2)**⑪**_____……**⑩**_____の手法で古代の習俗や文献を読みとく。神は常世の国から村落に訪れる**⑫**_____であるとし，その交わりから古代の文学が生み出されたと説く

(3)**⑬**_____……日常の実用品のなかに日本文化の美を見いだす

　　──→**⑭**_____ということばで表現

(4)**⑮**_____……農業を通して労働と信仰と芸術を一体化させたところに，個人と世界を調和させる理想的な社会の実現を説く

(5)**⑯**_____……在野の学者。民俗学・博物学に大きな業績

(6)**⑰**_____……禅や仏教思想を欧米に紹介

批評するという行為はどのようなものだろうか。戦後社会の虚妄性に，どのように向かいあったのだろうか。

4 近代批評と戦後精神

(1)**⑱**_____……日本の近代批評の領域を確立

流行の文芸理論や戦後の民主主義を，単なる新しい**⑲**_____(装飾的な工夫)にすぎないとして，冷徹に批評

5 超国家主義批判と近代的市民像

(1) ⑳_____……第二次世界大戦後，日本の思想に影響をあたえる。日本を超国家主義に追いやったのは，近代的な市民社会および自立した近代的市民の未成熟と ㉑_____の体系とし，主体的な個の確立を主張

──→あらゆる思想が雑居する無構造の伝統，外来思想を変容させる日本思想の特質に着目

(2) ㉒_____……大衆の原像を取りこんだ「自立の思想」を主張

(3) ㉓_____……日本文化の雑種性に意味と可能性を見いだす

小見出しの問い

丸山真男が批判した日本人の短所とは何だろうか。

....

....

....

....

....

ステップ アップ ≫

1 教科書p.187「📖 間柄の道」を読み，間柄的存在の倫理と西洋の個人主義的倫理とのちがいは，どこにあるのだろうか，考えよう。

2「純粋経験」の具体例として適当でないものを，次の①～④のうちから一つ選べ。 ☐

①コンサートに出かけたAさんは，長年憧れていた歌手の歌を今自分が生で聴いているのだと思い，改めて喜びをかみしめた。

②数学の好きなBさんは，母親が用意してくれた夜食を食べることも忘れて，数学の問題を解くのに夢中になった。

③天才画家と呼ばれるCさんは，風景画の制作に没頭したが，それはあたかも風景の方が彼を突き動かして描かせているかのようだった。

④赤ん坊のDちゃんは，お腹が空いたのか甘えたかったのか分からないが，母親の胸に抱かれながら一心不乱に母乳を飲んでいた。 (2006センター試験・本試)

3 近代日本がなぜ軍国主義と戦争の惨禍に行き着いたのかを問い，戦後の日本に民主社会を確立する道を模索した思想家に，丸山真男がいる。彼が戦後の日本人の課題と考えたことを説明した記述として最も適当なものを，次の①～④のうちから一つ選べ。 ☐

①西洋の哲学と東洋の儒教とを融合させ，世界に通じる普遍的な道徳を日本という個別の場で実現できる，新しい国民道徳を確立しなければならない。

②外来の思想をとって伝統を捨てるのではなく，逆に伝統に固執するのでもない，自己本位の能力に基づいた内発的な開化を推進しなければならない。

③日本という風土の中で培われてきた文化と歴史を尊重し，日本民族の独自性を守りつつ，西洋の学問・技術の長所を採用していかなければならない。

④他者を他者として理解し，また自分の中に巣くう偏見につねに反省の目を向けることのできる，自主独立の精神をもつ個を確立しなければならない。 (2007センター試験・本試)

4 和辻哲郎の説いた「間柄的存在」について，50字以内で説明せよ。

●エピソード● 丸山真男は，明治以後の近代化を，共通の基盤（構造）をもたない浅薄な思想が雑居したタコツボ型とし，これを統合された雑種に高めることが必要であるとした。

44 チェックポイント⑤

㉞ 日本の風土と伝統

①気候的条件や自然的条件によって規定され，人間形成を左右するもの…（　　　　　）

②①をもとに文化を類型化し，それぞれに特有の文化を認めた倫理学者…（　　　　　）

③原始宗教に共通する，霊魂や精霊など霊的存在に対する信仰…………（　　　　　）

④数多くの神々を祀る日本人の神に対する概念…………………………（　　　　　）

⑤豊かな収穫に感謝し，神に酒や食べ物を供えてもてなすこと…………（　　　　　）

⑥人間の意志を神々に伝えるために必要とされた心……………………（　　　　　）

㉟ 日本仏教の展開①

⑦唐で四宗を学び，帰国後に天台宗を開いた人物………………………（　　　　　）

⑧空海が高野山に建立した寺院……………………………………………（　　　　　）

⑨行によってのみ到達できる秘密の教え…………………………………（　　　　　）

⑩貴族の要請で，災厄を除き幸福をもたらすよう仏の加護を祈ること……（　　　　　）

⑪仏教が日本古来の神々への信仰と融合した状態………………………（　　　　　）

㊱ 日本仏教の展開②

⑫市聖とよばれ，市井を歩き人々に念仏を称えて回った遊行僧…………（　　　　　）

⑬末法思想で，教えと修行はあるが，悟りはない時期…………………（　　　　　）

⑭地獄・極楽を鮮やかに描写した『往生要集』を著した人物………………（　　　　　）

⑮凡夫こそ念仏によって救済されるという考え方………………………（　　　　　）

⑯念仏を称えれば，誰もが往生できると悟り，踊念仏を広めた人物………（　　　　　）

⑰日本に臨済宗を伝え，朝廷や幕府の上層部に禅を広めた人物…………（　　　　　）

⑱中国から曹洞宗を伝えた道元の主著………………………………………（　　　　　）

⑲日蓮によりゴータマの最高の教えを説いたものであるとされた経典……（　　　　　）

㊲ 伝統思想の成熟，日本儒学の展開

⑳この世のすべては移ろうものであるとする仏教の考え方………………（　　　　　）

㉑『風姿花伝』を著し，能を大成した人物…………………………………（　　　　　）

㉒林羅山が唱えた，封建的身分秩序を思想的に根拠づけた思想…………（　　　　　）

㉓対馬藩に仕え，朝鮮通信使の案内役など，朝鮮との外交を担当した人物（　　　　　）

㉔土佐藩で南学を学び，のちに垂加神道を創始した人物…………………（　　　　　）

㉕儒教の本来の教えを直接，『論語』や『孟子』から読みとろうとする学派の総称

（　　　　　）

㉖朱子学を学んだのち古義学を提唱した人物……………………………（　　　　　）

㉗㉖の影響を受けた荻生徂徠が開いた学派………………………………（　　　　　）

㉘世を治め民を救うという，「経済」の語源となったことば…………………（　　　　　）

㊳ 国学の成立，庶民の思想①

㉙『万葉集』の男性的でおおらかな歌風を「ますらをぶり」ととらえた人物…（　　　　　）

㉚「ますらをぶり」に対し，本居宣長が重視した歌風……………………（　　　　　）

㉛本居宣長が仏教や儒教のものの考え方を批判的によんだことば………（　　　　　）

㉜国学の政治的・宗教的な色彩を強めた，平田篤胤が唱えた神道…………（　　　　　）

㉝浮世における利益追求や享楽生活を肯定した，江戸前期の浮世草子作者（　　　　　）

㉞『曽根崎心中』などで義理と人情の葛藤を描いた人物………………………（　　　　　　　　　　　）

㉟石田梅岩が封建的な身分関係をとらえる際に用いた概念…………………（　　　　　　　　　　　）

㊴ 庶民の思想②

㊱門外不出で，少数の門弟以外の人々に知られなかった安藤昌益の主著…（　　　　　　　　　　　）

㊲安藤昌益が説いた理想的な平等社会……………………………………………（　　　　　　　　　　　）

㊳㊲に対する概念で，身分階層に分かれた現実の社会………………………（　　　　　　　　　　　）

㊴二宮尊徳が唱えた世界を支配する二つの法則…………………（　　　　　　）（　　　　　　）

㊵二宮尊徳の思想をまとめてよんだことば………………………………………（　　　　　　　　　　　）

㊵ 幕末の思想，明治の啓蒙思想

㊶『解体新書』の訳述の苦心をつづった杉田玄白の回想録……………………（　　　　　　　　　　　）

㊷東洋の道徳をもちつつ，西洋の科学技術を受け入れることを説いた人物（　　　　　　　　　　　）

㊸西洋文明を受け入れる際に唱えられた，㊷の考えを表した４文字………（　　　　　　　　　　　）

㊹横井小楠が提唱した，世界を支配する普遍的な法則………………………（　　　　　　　　　　　）

㊺「一君万民論」を構想し，安政の大獄で刑死した人物………………………（　　　　　　　　　　　）

㊻明六社結成をよびかけ，男女対等の権利を認めることを論じた人物……（　　　　　　　　　　　）

㊼明六社の一員で慶應義塾を創設した，日本の代表的な啓蒙思想家………（　　　　　　　　　　　）

㊽主権在民を説き，専制政府に対する抵抗権を主張した土佐出身の人物…（　　　　　　　　　　　）

㊾中江兆民が恩賜的民権に対し，人民の獲得する民権をさしたことば……（　　　　　　　　　　　）

㊶ 日本社会とキリスト教，近代的自我の確立

㊿幕末にアメリカへ密航した，キリスト教による良心教育を唱えた人物…（　　　　　　　　　　　）

(51)内村鑑三がイエスと日本の二つをさしてよんだことば………………………（　　　　　　　　　　　）

(52)教会の組織・儀式に頼らず『聖書』を重んじる内村鑑三の主張……………（　　　　　　　　　　　）

(53)国際連盟事務局次長などを歴任し，国際平和の課題を追究した人物……（　　　　　　　　　　　）

(54)夏目漱石が晩年に到達した，自我への執着を去る東洋的な無我の境地…（　　　　　　　　　　　）

(55)「君死にたまふことなかれ」の詩で反戦思想と批判を受けた人物…………（　　　　　　　　　　　）

(56)『青鞜』を発刊し，男女平等を要求する運動を展開した人物………………（　　　　　　　　　　　）

㊷ 社会思想の展開

(57)国粋保存主義を主張した，三宅雪嶺らによって結成された組織…………（　　　　　　　　　　　）

(58)国粋保存主義に対して徳富蘇峰が主張した考え方……………………………（　　　　　　　　　　　）

(59)進歩的思想家の論説や，欧米の社会問題を紹介した民友社の機関誌……（　　　　　　　　　　　）

(60)『貧乏物語』を著し，社会矛盾に取り組んだ経済学者………………………（　　　　　　　　　　　）

(61)吉野作造がデモクラシーを訳す際に用いたことば……………………………（　　　　　　　　　　　）

㊸ 近代日本の思想課題

(62)主観と客観の枠組みで思索する以前の経験の根源……………………………（　　　　　　　　　　　）

(63)西田幾多郎が(62)を説いた著作…………………………………………………………（　　　　　　　　　　　）

(64)祭りや祖先信仰などから常民の思想を明らかにしようとした人物………（　　　　　　　　　　　）

(65)折口信夫が神の原型とした，常世の国から村落を訪れるもの……………（　　　　　　　　　　　）

(66)庶民が用いる実用品に日本文化の美を発見し，民芸運動を主導した人物（　　　　　　　　　　　）

(67)政府の神社合祀政策に反対し，鎮守の森を守った在野の民俗学者………（　　　　　　　　　　　）

(68)『様々なる意匠』を著し，日本の近代批評の領域を確立した人物…………（　　　　　　　　　　　）

(69)『超国家主義の論理と心理』を著した代表的な政治思想史学者……………（　　　　　　　　　　　）

45 総合問題⑤

① 以下のⅠ～Ⅲを読み，後の問いに答えよ。なお，会話の問いのＡ，Ｂ，先生は各々全て同じ人物である。

Ⅰ　次の会話は，日本思想に関する倫理の授業後に，高校生ＡとＢが交わしたものである。

Ａ：①理想という言葉について調べることになったんだけど，困ったなあ。そもそも理想って何だろう？

Ｂ：改めて聞かれると難しいよね。ある本で理想の意味を調べてみたら，「現実があるがままの姿を指すのに対して，人および物事の②あるべき姿を指し示す言葉」だと書いてあったよ。

Ａ：ということは，③仏教者や儒者など，日本の先人たちがあるべき姿をどのように考えてきたかを調べてみたらいいのかな？

Ｂ：そうだね，一緒に調べてみよう！　　　　　　　　　　　　　（2022共通テスト・本試）

問1　下線部①に関連して，古代の日本人が重んじたあり方についての説明として最も適当なものを，次の①～④のうちから一つ選べ。 知・技　　　　　　　　　　□

①自然との調和を重んじた古代の人々は，自然の恵みを受けて共同体が繁栄することを理想とし，自然の中に神が存在することを認めなかった。

②自然との調和を重んじた古代の人々は，自然の威力に逆らわないことを理想とし，災厄が生じたときには身を慎んで，一切の祭祀を行わなかった。

③純粋な心を重んじた古代の人々は，人間が生まれながらに持っている罪を禊によって祓い清め，神と一体になることを目指した。

④純粋な心を重んじた古代の人々は，偽りのない心で神に向き合うことを大切にし，祭祀を妨げて共同体の安穏を脅かす行為を罪であると考えた。　　　　　　（2022共通テスト・本試）

問2　下線部②に関連して，次のア～ウは，役人のあるべき姿を示した「憲法十七条（十七条憲法）」の条文に書かれた言葉についての説明である。その正誤の組合せとして正しいものを，後の①～⑥のうちから一つ選べ。 知・技　　　　　　　　　□

ア　「和をもって貴しとなし」という言葉は，人々が出家して仏教の真理を体得することで，共同体の調和が実現されるという意味である。

イ　「篤く三宝を敬え」という言葉は，仏，法，僧の三つを尊重することが大切であるという意味である。

ウ　「ともにこれ凡夫のみ」という言葉は，誰もが欲望にとらわれた存在であるという意味であり，他人に意見を求めることの無意味さを説いている。

① ア　正　　イ　正　　ウ　誤　　② ア　正　　イ　誤　　ウ　正
③ ア　正　　イ　誤　　ウ　誤　　④ ア　誤　　イ　正　　ウ　誤
⑤ ア　誤　　イ　正　　ウ　誤　　⑥ ア　誤　　イ　誤　　ウ　正　　（2022共通テスト・本試）

問3　下線部③に関連して，次のレポートは，Ａがまとめたものの一部である。レポート中の　a　・　b　に入る記述を，下のア～オから選び，その組合せとして最も適当なものを，下の①～⑥のうちから一つ選べ。 思・判・表　　　　　　□

レポート
　道元は，　a　，と考えていた。また，時間に関して，本来的な時間とは，一方向に進んでいくものではなく，「今というこの瞬間」が絶え間なく連続しているものと捉えていた。このような時間の捉え方が，　b　という「修証一等」の考えにも関係しているのではないだろうか。

ア　ひたすら坐禅に打ち込み，一切の執着から解き放たれることが重要である

イ　南都六宗の立場から，念仏によらない修行のあり方を捉え直す必要がある

ウ　自らは罪深い凡夫であるため，自力によって悟りを開くことができない

エ　三密の修行によって，仏と一体になることができる

オ　修行とは悟りの手段ではなく，悟りそのものである

①　a－ア　b－エ　　②　a－ア　b－オ　　③　a－イ　b－エ　　④　a－イ　b－オ

⑤　a－ウ　b－エ　　⑥　a－ウ　b－オ　　　　　　　　　　　　（2021共通テスト・本試・第1日程）

Ⅱ　次の会話は，「理想」について調べていたAとBが，日本の近世の思想について先生と交わしたものである。

A：近世ではどんな理想が思い描かれていたんだろう？

B：例えば，伊藤仁斎は，日常において道が実現されることを重視して，日々の生活における人と人との和合が大切だと説いていたね。

A：本居宣長の説いた ④真心も，一つの理想と捉えて良いのかな？

先生：いずれも人間のあるべき姿を追求したものと捉えて良いでしょう。あるべき姿について考えることは，⑤日々の生活や，自分の心のあり方を見つめ直すことにつながりますね。

（2022共通テスト・本試）

問4　下線部④に関して，AとBは，本居宣長が説いた真心の働きを，自分たちの身近な事例を通じて説明できないかを話し合った。本居宣長の真心についての考え方に即してなされた発言として最も適当なものを，次の①～④のうちから一つ選べ。 知・判・表

①図書室で借りた本を返さない人がいるんだよ。借りた物を期限までに返すのは，人として当たり前のことなのに。誰もが物事の善悪を考えて，道理に従って正しく行動すれば，世の中のことは万事うまくいくと思うんだ。

②知り合いに，いつも腹を立てている人がいるんだ。何かにつけて怒りをあらわにするなんて，大人げないよね。心の状態にかかわらず，自分の立場や役割をよく考えて，全ての人に親切に接することが大切だと思うんだ。

③あえて感情を抑えて，理知的に振る舞うことを心掛けている人もいるみたい。でも，悲しいときには泣けばいいし，嬉しいときには喜べばいいんだよ。そうすることが，人の本来の生き方であると思うんだ。

④学級委員の二人，文化祭のことで感情的になっちゃって，かなり険悪な雰囲気だったよね。感情に任せて他人と争うなんて，愚かなことだよ。一時の感情に身を任せずに，丁寧に説明すれば分かり合えるはずなのに。

（2022共通テスト・本試）

問5　下線部⑤に関連して，安藤昌益についての説明として最も適当なものを，次の①～④のうちから一つ選べ。 知・技

①町人が経済的な力を持つようになったことを背景として，町人としての生き方を積極的に肯定し，「ただの町人こそ楽しけれ」と唱えた。

②天道を受け止めながらも，ひたむきに努力する人道の大切さを説き，分をわきまえて倹約に努める報徳の実践を重視した。

③あらゆる差別と搾取を排除した平等な社会を理想とし，武士が農民を支配するような封建的な社会のあり方を，法世として批判した。

④人間が本来持っている心情と，社会において守るべき道徳との葛藤に着目し，その相克に苦しみながら生きる人間の姿を浄瑠璃に描いた。

（2022共通テスト・本試）

Ⅲ　次の会話は，Ⅱの会話の翌日に，「理想」をめぐる日本の近代の思想について，Ａ，Ｂ，先生が交わしたものである。

Ａ：大正時代には，現実をありのままに肯定する自然主義に対して，文学や思想の分野で理想主義が唱えられました。今ある現実を超えてあるべき姿を追い求め，⑥理想と現実の間で葛藤した人々の姿が印象的でした。

先生：大事な点に気が付きましたね。実は「理想」という日本語は，近代になってからドイツ語のIdeal^{イデアール}を訳して作られたものなのです。

Ｂ：Idealの語源はイデアでしょうか？　永遠に変わることのないイデアを踏まえて，理想という言葉が作られたのですね。

先生：そのとおりです。西洋の思想を取り入れる中で，⑦現実の自己をより深く見つめ，あるべき姿を探求した人もいました。

(2022共通テスト・本試)

問6　下線部⑥に関連して，次のア・イは，理想と現実の間で葛藤した思想家についての説明であるが，それぞれ誰のことか。その組合せとして正しいものを，後の①～⑥のうちから一つ選べ。　知・技 □

ア　キリスト教的人道主義の立場から，近代化の進展に伴い発生した社会問題に心を痛め，競争や階級のない平等な社会の実現を目指した。

イ　現実的な政治の世界に理想の実現を求めた後に，文学の世界に身を投じ，文学を通して，自己の内部生命の要求を実現することを求めた。

①　ア　石川啄木　　イ　安部磯雄　　②　ア　石川啄木　　イ　北村透谷
③　ア　安部磯雄　　イ　石川啄木　　④　ア　安部磯雄　　イ　北村透谷
⑤　ア　北村透谷　　イ　石川啄木　　⑥　ア　北村透谷　　イ　安部磯雄

(2022共通テスト・本試)

問7　下線部⑦に関連して，自己を深く見つめた哲学者の西田幾多郎と，その西田が深く共鳴した親鸞の思想に関心を持ったＡは，次のノートを作成した。ただし，ノートには，適当でない箇所が一つある。西田幾多郎や親鸞について説明した記述として適当でないものを，ノート中の下線部ａ～ｄのうちから一つ選べ。　思・判・表 □

ノート
　西田幾多郎は，あるべき自己のあり方を，世界や存在の真のありようという観点から考えました。『善の研究』の中で，ａ西田は，例えば美しい音楽に心を奪われて我を忘れるような主客未分の体験に注目し，これを純粋経験と呼びました。また，ｂ西田は，純粋な知の働きによって「真の実在」を認識し，自らのあり方を反省することで，「真の自己」が実現されると考えました。彼の思索には，自己の理想的なあり方を真摯に見つめた姿勢が感じられます。
　さて，西田というと，坐禅に打ち込みつつ自分自身の哲学を築き上げたことで知られていますが，西田は，親鸞にも深く共鳴していました。ｃ親鸞は，自己の内面に捨て去ることのできない煩悩があることを見つめて，自分は煩悩を捨て切れない悪人だと自覚することを重視しました。また，ｄ自然法爾という考え方を示した親鸞は，悟りを求めようとする自力を捨てて，阿弥陀仏のはたらきに身を委ねるあり方を説きました。ここには，現実の自己のあり方を厳しく見つめ，理想を探し求めた姿勢が感じられます。
　二人の生きた時代は異なりますが，このような両者の思想は，理想を探し求めることで現実の自己を問い直し，そこから新たな現実を開くことができるのだと，私たちに教えてくれます。

(2022共通テスト・本試)

問8 次の資料は，近代における「理想」の捉え方に関して先生が示したものである。資料を踏まえて交わされたAとBの会話を読み，会話中の ▢a▢ に入る記述として最も適当なものを，後の①〜④のうちから一つ選べ。 知・技・表

資料

　理想の理想たる所以(ゆえん)は，それが常に現実の上にかかる力として，現実を高め浄(きよ)むる力として，現実を指導して行くところにある。ゆえに理想が理想たるかぎりはそれは現実と矛盾する。理想は現実を歩一歩(ほいっぽ)*に浄化してこれをおのれに近接せしめながら，しかも常に現実と一歩の間隔を保って行く。……理想は何物かを否定する，何物をも否定せざる理想は理想ではない。もとよりここにいう否定とは存在を絶滅することにあらずして，存在の意義を，存在の原理を更新することである。

*歩一歩：一歩ずつ。

(阿部次郎『三太郎の日記』より)

A：理想って，実現できない彼方(かなた)のものだと思ってたけど，資料に「現実の上にかかる力」とあるように，現実に働きかけてくるものなんだね。

B：でもさ，理想が現実を浄化するって，どういうことだろう？

A：それは，理想が ▢a▢ ということだと思うよ。

B：なるほど…。「理想」という言葉の捉え方が豊かになった気がするよ。理想について考えることで，私も現実の自分を見つめ直すことができそう。

① 今ある現実を無条件に肯定することで，日常の苦しみを解消してくれる

② いつでも現実と齟齬(そご)なく合致して，今ある現実の意義を保証してくれる

③ 現実のありようを一方的に否定して，現実そのものを消し去ろうとする

④ 現実と理想の隔たりを浮かび上がらせ，現実を向上させる原動力となる

(2022共通テスト・本試)

問9 次のア〜ウは，近代以降の社会や思想のあり方を考察した思想家についての説明であるが，それぞれ誰のことか。その組合せとして正しいものを，下の①〜⑥のうちから一つ選べ。 知・技

ア　近代社会を担う主体性の確立を思想的課題として位置付け，伝統的な日本の思想のあり方を，様々な思想の「雑居」にすぎないと批判した。

イ　近代批評の確立を目指すとともに，明治以来，思想や理論が，その時々の流行の「意匠」として弄(てあそ)ばれてきたと批判した。

ウ　国家や社会組織の本質を問い直す『共同幻想論』を著すとともに，大衆の実生活に根ざす，自立の思想の確立を目指した。

① ア　小林秀雄　　イ　吉本隆明　　ウ　丸山真男

② ア　小林秀雄　　イ　丸山真男　　ウ　吉本隆明

③ ア　吉本隆明　　イ　小林秀雄　　ウ　丸山真男

④ ア　吉本隆明　　イ　丸山真男　　ウ　小林秀雄

⑤ ア　丸山真男　　イ　小林秀雄　　ウ　吉本隆明

⑥ ア　丸山真男　　イ　吉本隆明　　ウ　小林秀雄

(2021共通テスト・本試・第1日程)

46 生命の問題と倫理的課題

■ 小見出しの問い

子どもをもうけるために，どのような手段を使ってもよいのだろうか。

1 生殖補助医療と生まれてくる子どもの福祉

(1) 生殖補助医療……**人工授精**，**体外受精**，他の女性に妊娠・出産してもらう
❶＿＿＿＿＿＿**出産**など
──技術的に可能。しかし，人の生命誕生にどこまでかかわるかという問題

(2) ❷＿＿＿＿＿＿＿＿・**ヘルス／ライツ**(性と生殖に関する健康・権利)……妊娠や出産などについて，女性の権利を尊重・保護しようとする考え方

(3) ❸＿＿＿＿＿＿**条約**(1989年，国連で採択)……自分の親を知る権利が認められ，生殖技術の適用については，生まれてくる子どもの福祉についても配慮すべきとされている

(4) 独身女性や❹＿＿＿＿＿＿の人たちが生殖補助技術を利用することの是非──親子や家族とは何かという問題が問い直されている

■ 小見出しの問い

①障害があるという理由で，中絶で胎児の命をうばうことは許されるのだろうか。
②受精卵の遺伝子を操作して，人の子どもを生むことは許されるのだろうか。

2 出生前診断と生命の選択，遺伝子操作とデザイナー・ベビー

(1) ❺＿＿＿＿＿＿**診断**……胎児の状態を調べる技術

(2) ❻＿＿＿＿＿＿**診断**……複数の受精胚から選択して妊娠する技術
──これらの技術は，生命を選別する❼＿＿＿＿＿＿**思想**につながる懸念

(3) ❽＿＿＿＿＿＿(**生命工学**)の進歩
① ❾＿＿＿＿＿＿**技術**の登場(1970年代)……遺伝子レベルで動物や植物の性質の改変が可能に
② ❿＿＿＿＿＿の解析完了(2003年)……人の遺伝子の総体
③ **ゲノム編集技術**の開発(2013年)──→受精卵の遺伝子を改変して，特定の性質をもつようにつくられた子ども(⓫＿＿＿＿＿＿・ベビー)が誕生
④ ⓬＿＿＿＿＿＿**技術**……同じ遺伝子をもつ生命を生み出す技術
──ゲノム編集技術や⓬＿＿＿＿＿＿技術は，農畜産業などで応用人間の出生にかかわる場合には，多くの倫理的課題が生じる

■ 小見出しの問い

脳は機能していないが身体は生きている脳死状態とは，人の死なのだろうか。

3 臓器移植と脳死

(1) 現代の臓器移植や再生医療……17世紀以来の⓭＿＿＿＿＿＿**自然観**の延長線上にある

(2) 臓器移植……機能が回復できない臓器を，他人の臓器と交換する医療
① 移植を受けた患者(⓮＿＿＿＿＿＿)と提供者(⓯＿＿＿＿＿＿)の双方にさまざまな影響をもたらす
──心臓移植のように脳死の⓯＿＿＿＿＿＿からの心臓の移植もある
② 人の死の判定……⓰＿＿＿＿＿＿の停止，⓱＿＿＿＿＿＿の停止，⓲＿＿＿＿＿＿の散大を確認(**三徴候死**)
③ ⓳＿＿＿＿＿＿……脳幹をふくむ脳のすべての機能が不可逆的に停止しているが，人工呼吸器につなぐことで身体の機能は維持されている状態

(3) ⑳＿＿＿＿＿＿＿＿法(1997年制定)……⑲＿＿＿＿＿＿＿は臓器提供をする

場合に限り人の死。本人の書面による㉑＿＿＿＿＿＿＿表示と家族の承諾を条件

に，⑲＿＿＿＿＿＿の人の臓器を移植に利用することが認められた

①2009年の法改正……本人の㉑＿＿＿＿＿＿が不明でも，家族の承諾があれば

臓器移植ができ，㉒＿＿＿＿＿歳未満の子どもの臓器提供も可能に

4 再生医療と人間の尊厳

(1) ㉓＿＿＿＿＿＿＿＿＿＿……機能が低下・喪失した組織や臓器に，新しい細

胞を補充することで機能を元どおりに回復させようとする医療

(2)分子生物学の発展──→受精卵が身体のさまざまな細胞に分化していくメカ

ニズムを解明

①㉔＿＿＿＿＿細胞(胚性幹細胞)……患者が必要とする細胞へと分化させて

注入することで，再生医療への道を開く

──→受精卵が成長した段階で，その胚を壊してつくるため，㉕＿＿＿＿＿

＿＿＿＿＿＿＿を侵すのではないかという倫理上の問題が指摘

②㉖＿＿＿＿＿細胞(人工多能性幹細胞)……人の体細胞から，さまざま

な細胞に分化する能力をもつ。日本の研究者によってつくりだされ，世界

中から注目

──→㉖＿＿＿＿＿細胞から分化させた生殖細胞を受精させるなどの問

題点も指摘

小見出しの問い
再生医療により患者を救うために，胚を壊して作成した胚性幹細胞を治療に用いることは許されるのだろうか。

5 インフォームド・コンセント

(1) ㉗＿＿＿＿＿＿＿＿＿＿＿＿＿＿＿＿＿による協調

関係の構築──┬→専門家である医師の**説明責任**

　　　　　　　└→患者の同意と治療法の選択

(2) ㉘＿＿＿＿＿＿(生命の神聖さ)の立場──→パターナリズムによって，患

者の生命を救うことを最優先

(3) ㉙＿＿＿＿＿(生命の質，生活の質)を高める医療＝患者の㉚＿＿＿＿＿

＿＿＿＿＿＿権の尊重

小見出しの問い
患者が自分の治療について自己決定するためには，医療従事者には何が求められるのだろうか。

6 末期医療のあり方

(1)**末期医療**(㉛＿＿＿＿＿＿＿＿＿＿＿＿)……患者の苦痛をやわ

らげ，病気を受け入れつつ，安らかに死を迎えるための医療

──→㉜＿＿＿＿＿＿＿＿などの施設で，**緩和ケア**を実施

(2) ㉝＿＿＿＿＿＿＿＿＿……自分の最期を生前に文書

などで意思表示すること

──→病院での過度な延命治療を拒否して自然な死(㉞＿＿＿＿

＿＿＿＿)を望む人も増加

(3) ㉟＿＿＿＿＿＿＿＿……患者の意思にもとづいて医師が患者の

死期を早める。オランダやベルギー，スイスなどで法制化

──→㊱＿＿＿＿＿＿の観点から，自律尊重の行きすぎと批判されるこ

ともある

小見出しの問い
人間には，生きる権利だけでなく，死ぬ権利もあるのだろうか。

●エピソード● 現代の緩和ケア医療の原則を提唱し，実践した人物として知られる，イギリスのシシリー・ソンダースは，「死にゆく人の尊厳」とは「死を間近にした本人が，自己の人生に価値を見いだすこと」であると指摘している。

1 先端医療技術についての説明として適当でないものを，次の①〜④のうちから一つ選べ。

①医療に応用可能な技術の一つとして，遺伝子の特定の箇所を探し当てた上で，その箇所を変更しようとするゲノム編集がある。

②生殖補助医療の一つとして近年よく用いられる顕微授精は，女性の体内にある卵子に精子を直接注入する技術である。

③障がいや遺伝病の有無を出生前に診断することが可能になっているが，この技術が命の選別につながるという指摘もある。

④iPS細胞には，さまざまな再生医療の可能性が広がることへの期待があるが，同時に過剰な生命操作につながることへの懸念もある。　　　　　　　　　　　　　　　（2021共通テスト・第2日程）

2 生命の価値についてSOL (Sanctity of Life)とQOL (Quality of Life)という考え方がある。SOLとQOLに関する記述として最も適当なものを，次の①〜④のうちから一つ選べ。

①SOLを重視する立場によれば，人間の生命には質的な差はなく，いかなる人間の生命も絶対的に尊重されねばならないので，重篤な患者であっても安楽死や尊厳死は認められない。

②QOLを重視する立場によれば，生命の質が何よりも尊重されるべきであるので，医師は，患者自身の意向に左右されずにパターナリズムに則って治療にあたらなければならない。

③SOLを重視する立場によれば，延命治療に関して患者が事前に表明した意思(リヴィング・ウィル)が尊重されるべきであり，医師はそうした患者の意向に従わなければならない。

④QOLを重視する立場によれば，各人の生命には絶対的な尊厳が認められねばならないので，生命の価値に優劣の差は存在せず，生命の価値を定めるのは当の個人でなければならない。

　　　　　　　　　　　　　　　　　　　　　　　　　　　　　（2017センター試験・本試）

3 次の文章は，終末期の患者を支えるための施設や制度についての説明である。文章中の　A ・　B に入れる記述をア〜エから選び，その組合せとして正しいものを，下の①〜④のうちから一つ選べ。

> 　終末期の患者は，身体のみならず心理的・精神的にも多様な苦痛を抱えている場合が少なくない。近年は，そのような心身の苦痛に対処する緩和ケアへの注目が高まっており，例えばホスピスは，そうしたケアを利用して，　A 　ためのサポートを提供している。
> 　また，近年では，延命を絶対視する考え方に疑問が呈され，尊厳ある死を迎えることをよしとする考え方が世界的に広まりつつある。その中で，オランダやベルギーのように，本人の明確な意思表示など厳格な条件の下で，　B 　安楽死(積極的安楽死)を認める法律が制定された国もある。

ア　積極的な治療よりも患者が最期まで自分らしく生きる

イ　患者が最期まで諦めずに治療に専念する

ウ　致死薬の投与などによって死を早める

エ　延命措置を中止し人間らしく自然な死を迎えさせる

①　A−ア　B−ウ　　②　A−ア　B−エ　　③　A−イ　B−ウ　　④　A−イ　B−エ

　　　　　　　　　　　　　　　　　　　　　　　　　　　　　（2017センター試験・追試）

4 医療現場において重視されるインフォームド・コンセントについて，50字以内で説明せよ。

47 地球環境の問題と倫理的課題

1 地球の自己調節機能

(1)経済活動の活発化・生産規模の拡大——→地球には❶
　　　　　　　　　をこえる負荷がかかり，自然環境が傷つけられている

(2)環境破壊の現状……焼畑農業・森林伐採・過放牧による❷
　　の進行
　　——→❸　　　　　　　　　　　　の消費拡大による資源枯渇への懸念や❹
　　　　　　　　　　による被害，❺　　　　　　　　　　　のもたらす**地球温暖**
　　　化による深刻な被害

(3)地球規模での国際協力
　　①❻　　　　　　　　　　　　　　（**地球サミット**，1992年)……地球
　　　温暖化対策として**国連気候変動枠組条約**が締結
　　②国連気候変動枠組条約第３回締約国会議（ＣＯＰ３，1997年)……先進国を
　　　対象とした温暖化対策に取り組むルールである❼
　　　が採択
　　③国連気候変動枠組条約第21回会議（ＣＯＰ21，2015年)……先進国も開発途
　　　上国も含めた地球温暖化対策の国際的な枠組みとして❽
　　　が採択

■小見出しの問い■
地球を守るために，国際社会はどのように協調していくべきだろうか。

2 持続可能な開発

(1)「❾　　　　　　　　　　　　」……アメリカの経済学者ボールディング
　　による地球の命名。地球は閉ざされた環境にある

(2)「❿　　　　　　　　　　　」……アメリカの生物学者ハーディンの寓
　　話。資源が有限である場合，誰もが自由に経済的利益を追求すれば，全員の
　　利益を損なう可能性を指摘

(3)⓫　　　　　　　　　……先進国の企業が開発途上国で有害物質を廃棄
　　——→環境汚染の被害を社会的弱者に負わせる不公正を是正するため，1980年
　　　代にアメリカで⓬　　　　　　　　　が提唱

(4)「⓭　　　　　　　な開発」……1987年に「環境と開発に関する世界委員
　　会」が提唱。将来世代が望む社会づくりに必要な環境や資源を損なうことな
　　く，現代世代のニーズを満たす産業や社会の発展をめざす概念

(5)⓮　　　　　　　　　　（**持続可能な開発目標**)……2015年の国連サミットで
　　採択。従来の国やＮＧＯを主体とした取り組みにとどまらず，民間企業にも
　　持続可能な開発への取り組みを求める
　　——→**企業の社会的責任（**⓯　　　　　　　**）**として，⓮　　　　　　　　を
　　　事業のなかに組みこむビジネス・モデルが求められている

(6)持続可能な社会をつくる——→**３Ｒ**を基本とする**循環型社会**への移行が必要
　　①⓰　　　　　　　　　……廃棄物を減らす
　　②⓱　　　　　　　　　……製品を再利用する
　　③⓲　　　　　　　　　……廃棄物を再資源化する

■小見出しの問い■
社会や環境が持続可能であるためには，社会にどのようなしくみが必要だろうか。

●**エピソード**●日本で環境保護の機運が高まった原因は，1960年代の公害問題の拡大であった。1970年に日本で開かれた万国博覧会での「人類の進歩と調和」というテーマも，この時代的雰囲気をよく示している。

小見出しの問い
①人間が生きるため，快適に暮らすためであれば，どんなに自然を利用しても許されるのだろうか。
②生物多様性が損なわれることで，地球上の人間をふくめた生物はどれほどの打撃を受けるのだろうか。
③自然や植物，他の動物に危害を加えることは，許されるのだろうか。

③ 人間中心主義，生態系と生物多様性，自然の生存権

(1)❿＿＿＿＿＿＿＿＿＿主義……人間が快適に暮らすためであれば，自然を自由に利用してよいという考え方

　——自然破壊の背景にある考え方として批判される

(2) 人間を含めた生物……⓴＿＿＿＿＿＿＿（**エコシステム**）に組みこまれており，そのバランスが失われると全体の存続にも影響がおよぶ

　①生物種の絶滅が急速に進行——㉑＿＿＿＿＿＿＿＿＿＿の維持が必要

　②㉒＿＿＿＿＿＿＿**訴訟**……⓴＿＿＿＿＿＿を守るため，動物などの自然を原告とし，自然保護活動団体などが後見人となって，土地開発の差し止めを求める裁判がおこなわれている

(3)㉓＿＿＿＿＿＿＿の提唱……アメリカの森林官レオポルドによる

　——人間も⓴＿＿＿＿＿＿という共同体を構成する一員であり，他の構成員を尊重し，自然全体の利益のために配慮すべきである

(4)㉔＿＿＿＿＿＿＿＿＿＿運動……イギリスで生まれた運動。「1人の1万ポンドより，1万人の1ポンド」を掲げ，国民の募金を通じて価値ある自然の風景地などを買い取り，保存・管理しようとする

小見出しの問い
科学技術による危害から社会を守るための予防原則とは，どのような取り組みだろうか。

④ 予防原則

(1)**足尾銅山鉱毒事件**……日本の公害問題の原点。**田中正造**が解決に向け活動

(2)㉕＿＿＿＿＿＿＿＿（水俣病，新潟水俣病，四日市ぜんそく，イタイイタイ病）の発生——経済優先による環境汚染で健康被害がもたらされた

　①㉖＿＿＿＿＿＿＿……『苦海浄土』を著し，文学に託して水俣病の被害者救済に尽力

(3) 生物学者**レイチェル・カーソン**……『㉗＿＿＿＿＿＿＿』を発表

　——DDTなどの農薬が⓴＿＿＿＿＿におよぼす深刻な危害を警告。長期的に見ると，㉘＿＿＿＿＿＿を通じて毒が広まり，多くの生物が汚染される危険性がある

(4)㉙＿＿＿＿＿＿……環境や人々に大きな被害をおよぼすおそれがある場合には，危害発生のメカニズムの科学的根拠がなくても，予防措置をとるべきとする考え方

　①地球サミット(1992年)：**環境と開発に関するリオ宣言**を採択

　　——㉙＿＿＿＿＿＿を国際的なルールとして明記

小見出しの問い
将来世代の人々に対して，現代世代には，どのような責任があるのだろうか。

⑤ 将来世代に対する責任

(1) 原子力発電の課題

　——チョルノービリ原子力発電所(1986年)や福島第一原子力発電所(2011年)での事故，㉚＿＿＿＿＿＿＿＿の処理や管理の問題

(2)㉛＿＿＿＿＿＿……ドイツの哲学者**ハンス・ヨナス**が説く

　——現代世代には，自らの行為がおよぼす危害から将来世代を守る責任がある

　——㉛＿＿＿＿＿＿の原型は，自分たちの子どもに対する親の責任と義務にある

1 次のア〜ウは環境問題への取組みに関する説明である。その正誤の組合せとして正しいものを，下の①〜⑧のうちから一つ選べ。　☐

ア　1997年に開かれた地球温暖化防止京都会議では，京都議定書が締結され，先進国だけに温室効果ガスの排出量削減目標が定められた。

イ　アメリカの海洋生物学者カーソンは，『奪われし未来』のなかで，農薬など有害な化学物資の大量使用が，生態系の破壊につながると警鐘を鳴らした。

ウ　1992年に開催された地球サミットでは，宇宙船地球号という考え方によって，地球環境の持続性を損なわない範囲内での経済開発が提唱された。

① ア　正　イ　正　ウ　正　　　② ア　正　イ　正　ウ　誤　　　③ ア　正　イ　誤　ウ　正
④ ア　正　イ　誤　ウ　誤　　　⑤ ア　誤　イ　正　ウ　正　　　⑥ ア　誤　イ　正　ウ　誤
⑦ ア　誤　イ　誤　ウ　正　　　⑧ ア　誤　イ　誤　ウ　誤　　　　　　(2014センター試験・本試)

2 環境問題に取り組むうえで重要な考え方として「循環型社会」がある。この社会の説明として最も適当なものを，次の①〜④のうちから一つ選べ。　☐

①環境に大きな影響を及ぼす事業について，事前に調査し評価することを積極的に推し進めていく社会

②資源の有効利用を目指し，資源の消費を抑制し，環境への負荷をできる限り低減しようとする社会

③将来の世代のニーズを満たす能力を損なうことなく，今日の世代のニーズを満たすような開発を進めていく社会

④地球規模の視野をもつだけでなく，自分にできる身近な活動から環境保護を始めていこうとする社会
(2012センター試験・本試)

3 現在世代と将来世代のあるべき関係をめぐる考え方についての説明として最も適当なものを，次の①〜④のうちから一つ選べ。　☐

①持続可能な開発（発展）という理念によれば，現在世代の人々は自分たちの欲求の充足をできるだけ抑制し，将来にわたって高い経済成長率が確実に維持されるよう努めなければならない。

②持続可能な開発（発展）という理念によれば，将来世代の人々の享受すべき利益を損なうことなく，しかも現在世代の人々の欲求をも充足させるような開発が目指されなければならない。

③世代間倫理という考え方によれば，現在世代の活動とまだ生まれていない将来世代の活動とは互いに密接に絡み合っているので，両世代の人々は相互に責任や義務を負わなければならない。

④世代間倫理という考え方によれば，現在世代はまだ生まれていない将来世代に対して責任を負う必要はなく，自分の世代の問題については同世代の人々の間で責任を分担しなくてはならない。
(2017センター試験・本試)

4 生物多様性や生態系（エコシステム）を維持することはなぜ必要なのだろうか，その理由を50字以内で説明せよ。

●エピソード● 土地倫理の提唱者レオポルドは，森林官だった頃，射殺したばかりの狼の目の中で「輝く緑の光が消えていく」のを目撃し，狼も生態系のメンバーであることに気づいて自然観が一転した。

48 科学技術の進展と倫理的課題

1 情報通信技術の発達と新たなコミュニケーション

(1)❶_____(情報通信技術)の発達──世界中の人々と瞬時にコミュニケーションが可能となる

(2)❷_____(ブログ，ＳＮＳ，動画共有サイトなど)を通じた世界規模の人間関係やコミュニティが誕生
地域ＳＮＳを活用した防災情報の伝達，住民間の交流──→地域の絆が形成

(3)個人からの情報発信による❸_____**的コミュニケーション**も可能

(4)❹_____……個人間や地域間，国家間で情報通信技術を使用する能力にちがいがあることによる経済格差

2 情報社会における危険への対策と情報倫理

(1)❺_____……仮想空間と現実空間とを融合するシステムを形成し，経済発展と社会的課題の解決を同時に実現することを目標とする社会

(2)❻_____(モノのインターネット)──→人とモノのつながりをセンサーで収集──→❼_____をＡＩ(人工知能)で処理し，情報提供する

(3)情報社会における危険……❽_____，サイバー攻撃，迷惑メール，❾_____**権の侵害，サイバー犯罪**，匿名による他者への感情的・攻撃的発言(誹謗，中傷，ストーカー行為など)
──→サイバー犯罪などを規制する法律の整備だけでなく，ウイルス対策の導入など個人でも❿_____対策をとる必要

(4)情報社会で必要となる力
①⓫_____……自分に必要な情報を選択，収集，活用する能力
②⓬_____(クリティカル・シンキング)……得られた情報の真偽を多角的な視点から客観的に判断する力
③プライバシーの権利，個人情報，❾_____権の保護について，⓭_____を高める必要性

3 テレプレゼンス・ロボットとコミュニケーション・ロボット

(1)**テレプレゼンス・ロボット**(遠隔操作ロボット)……⓮_____を解消する可能性

(2)**コミュニケーション・ロボット**……接客などで活用。今後，特定の個人を識別したコミュニケーションへの活用も期待される
──→⓯_____をどのように保護するかなど，ロボットの獲得した情報をめぐる問題もある
──→⓰_____**法**が2003年に制定されたが，漏洩・流出事件はあとをたたない

4 脳と情報をやりとりする技術

(1)脳神経科学の進展──**⑰** .... 技術を用いて脳から情報を取りだ
　し，ロボット・アームを操作する技術の開発は，身体の不自由な人の生活を
　支援

(2)電気刺激による脳への介入──精神疾患の治療に役立つかもしれないが，
　人間の**⑱** .... を外部から操作する点で倫理的に考慮すべき余地がある

小見出しの問い
BMI技術が人間生活に
もたらす恩恵は，どのよ
うなものだろうか。

ステップ アップ

❶ 情報技術の発達に伴う社会の変化についての記述として最も適当なものを，次の①〜④のうちから一つ選べ。 ☐

①企業や公的機関に大量の個人情報が集積されるようになったため，プライバシーが侵害される危険が大きくなっている。

②公的な情報は市民の共有財産であるという考え方が定着し，国や自治体のもつあらゆる情報が市民に公開されるようになっている。

③情報技術の発達によって情報の違法な複製が困難となったため，知的所有権が侵害される危険は少なくなっている。

④インターネットを使って個人が直接情報を得られるようになり，マスメディアが情報操作を行う危険は少なくなってきている。 (2013センター試験・本試)

❷ 情報技術の進展や情報機器の普及によって，新しいつながりが多数生まれる一方で，日本においても新たな問題や課題が生じている。こうした状況を記述した文章として適当でないものを，次の①〜④のうちから一つ選べ。 ☐

①実際に会えなくても，趣味や関心などの共通項さえあれば自由にコミュニティを作れるようになった。その反面，バーチャルな世界に没頭し，身近にいる人々との結びつきが希薄になるという問題が生じている。

②マスメディアを介さずに，個々の情報源から直接情報を入手できる機会が増えた。それに伴い，情報の取捨選択や信憑性の判断が個々人に委ねられることになったため，メディアリテラシーの向上が課題になっている。

③多くのプログラマーが，共同で無料のソフトウェアを開発・配布する動きが広がった。その反面，有料のソフトウェアの違法な配布も容易となり，著作権の権利が侵害されるという問題が生じている。

④市民が意見を出し合い社会に働きかける場が，インターネット上にも広がった。それに伴い，こうした場では本名の公開を必須とする法律が制定されたことから，個人情報が流出しかねないという問題が生じている。 (2011センター試験・本試)

❸ 現代の情報社会では，私たち一人ひとりが情報リテラシーを身につけることが求められている。情報リテラシーとはどのようなことか，50字以内で説明せよ。

●エピソード● 『第三の波』を著したアメリカの未来学者アルビン・トフラーは，「データとコンピュータだけでは社会は成立しない」として愛情の必要性も説いている。

49 福祉の向上と倫理的課題

小見出しの問い
①なぜ，障害者は社会から置き去りにされてきたのだろうか。
②異性婚と同性婚との共通点や相違点は，どこにあるのだろうか。
③個人の尊重と多様性との関係は，どうあるべきだろうか。

1 マイノリティと障害者，性的マイノリティ，ソーシャル・インクルージョンと多様性

(1)マイノリティと障害者

①❶　　　　　　　　　　（**多数者**）：国や社会を主導することが多い

②❷　　　　　　　　　　（**少数者**）：社会的弱者となることもある

・❷　　　　　　　　　としての障害者……日本では戦後に社会福祉政策の対象に──▶権利の主体でなく，援助の対象と位置づけ

・❸　　　　　　　　　　　（2006年，国連採択）……障害者の人権・基本的自由の実現を締結国の義務として明示

──▶日本：**障害者基本法**の改正，**障害者差別解消法**の制定

(2)性的マイノリティ……❹　　　　　　　　　　　に代表される

──▶❺　　　　　　　　　の平等に加え，多様な❻

　　　　　　　（性のあり方）を認める考え方へ

①❼　　　　　　　……2001年にオランダで承認，ヨーロッパの多くの国々で承認への動きが広まる

──▶日本：2015年以降，「パートナーシップ宣誓制度」が多くの地方公共団体で採用

(3)ソーシャル・インクルージョンと多様性

①**多様性**（❽　　　　　　　　　　　　　）……性別，年齢，人種，宗教など多岐にわたって，種々異なった人々が暮らすことをさす

②❾　　　　　　　　　　　　　（**社会的包摂**）……多様性への差別や排除の意識を払拭し，ともに支えあう社会のありよう──▶❿　　　　　　　　　　　　（排除）

小見出しの問い
①「仕事と生活の調和」とは，どのような調和なのだろうか。
②男女の平等は，どのような平等を意味しているのだろうか。
③今後の日本の社会は，どのような働き方をめざすのだろうか。
④協働は，どのような点に特色があるのだろうか。

2 ワーク・ライフ・バランス，男女共同参画社会，働き方改革と少子高齢化，協働

(1)**ワーク・ライフ・バランス**

①会社に身をささげるような働き方──▶健康と生活に配慮した働き方へ

②**「仕事と生活の調和（⓫**

　　　　　　　）**憲章**」を政府と労使の合意のもとに作成（2007年）

(2)男女共同参画社会

①女性の社会進出，共稼ぎ世帯の一般化──▶性別役割分業の見直し

②⓬　　　　　　　　　　　　　　　　　　　**法**（1999年）

③⓭　　　　　　　　　　　　　　　　　　　　　　（積極的改善措置）の採用

(3)働き方改革と少子高齢化

①⓮　　　　　　　　　　　　　　を促進する関連法（2019年）……労働時間の規制，正社員と非正規雇用の待遇格差の解消など

②日本の少子高齢化の進展──▶労働人口の減少と生産力の低下が不可避
　多様な人々が多様なしかたで働く，働きやすい環境を実現することが求められている

(4)⑮＿＿＿＿＿＿……多様な人々が力をあわせて目的を実現しようとする働き
方。目的の共有，主体性，対等な立場で力をあわせることが求められる

小見出しの問い
①共生社会が必要とされる理由は，どこにあるのだろうか。
②現在，家族はどのような状況におかれているのだろうか。
③ケアは，どのような意味なのだろうか。福祉とは，どのようなことをさしているのだろうか。

③ 多様性と共生社会，家族と支援，ケアと福祉

(1) 多様性と共生社会

　①⑯＿＿＿＿＿＿の意味……多様性の尊重

　②**地域⑯＿＿＿＿＿社会**

　地域社会存続の危機……人口減少や高齢化でつながりの力をうばわれる

　──⑮＿＿＿＿＿＿によって，たがいを支えあう地域⑯＿＿＿＿＿社会の形
　　　成が急務

(2)家族と支援

　①⑰＿＿＿＿＿＿の変化

　夫婦と子の世帯──夫婦のみの世帯や一人親と子の世帯の数が増加

　②⑱＿＿＿＿＿世帯が近年急増……未婚化や晩婚化・高齢化が背景。単独世
　帯や夫婦のみの世帯の多くは高齢者

　　──支えあう力の脆弱化の要因……老々介護や離職介護，**児童虐待**，ＤＶ
　　（ドメスティック・バイオレンス）

　家族の外からの支援が重要・子育てや介護の社会化は必要不可欠

　　──介護保険制度(2000年)，認定こども園(2006年)に創設

(3)ケアと福祉

　①社会福祉制度……支援を必要とする人たちを社会全体で⑲＿＿＿＿＿する
　しくみ

　②福祉の元々の意味は「幸せ」──福祉支援とは，人々の幸せに向けた支援

ステップ　アップ≫

1 我々の社会では，人々の個人的な助け合いだけでなく，社会全体の仕組みや人々の考え方を変えていくことで，暮らしをよりよくすることが目指されている。そのための取組みや制度についての説明として最も適当なものを，次の①～④のうちから一つ選べ。　　　[　　]

①ノーマライゼーションとは，障害の有無や年齢などに関係なく，誰もが同じ市民として共生できる社会を目指すべきだ，という考え方を意味する。

②バリアフリーとは，これまでの働き方を見直し，家庭や地域での個人の時間を充実させることで，仕事と家庭生活との調和を目指すことである。

③ユニバーサルデザインとは，少子化と高齢化が進展していく社会では，高齢者の介護は社会全体で担われるべきだ，という考え方を意味する。

④ワーク・ライフ・バランスとは，性別に関係なく，男女が共に協力し合いながら，個性や能力を十分に発揮できる社会の実現を目指すことである。

(2020センター試験・本試)

2「ソーシャル・インクルージョン」とはどのような考え方か，30字以内で説明せよ。

●エピソード● 誰一人として，他人とまったく同じ人間はいない。「青い目，茶色い目」の実験では，「青い目」は優秀だとして優遇すると，小学生たちの間に差別の意識やしくみができあがったという。

50 文化と宗教の影響と倫理的課題

禁忌をもつ人たちに，どのような気づかいをすべきだろうか。また，信仰を尊重するには，どうしたらよいのだろうか。

1 宗教的な禁忌と日常生活

(1)現代の日本では，食事や衣服に関する宗教的な❶＿＿＿＿＿＿＿＿（タブー）が意識されることは少なく，祝祭日の意味も薄らぐ

❶＿＿＿＿＿＿（タブー）……宗教の教義などにもとづき禁じられていること

──→ユダヤ教やイスラームでは❷＿＿＿＿を不浄なものとして，またヒンドゥー教では❸＿＿＿を神聖なものとして，これらの肉を食べない

このほか，さまざまな服装や身なりなどの規定も存在

❹＿＿＿＿＿＿＿……ムスリムに許された食物であることの認証

❺＿＿＿＿＿＿＿……ムスリムの女性が頭髪を隠すスカーフ

──→無理解や軽視は，❻＿＿＿＿＿＿の原因ともなる

宗教が異なる人たちと，どうしたら仲良くできるのだろうか。また，宗教を深く理解するにはどうすればよいのだろうか。

2 宗教間の抗争と和解への道

(1)異なる❼＿＿＿＿＿間だけでなく，同じ❼＿＿＿＿＿内でも戦争に

──→信者集団間の❽＿＿＿＿＿的・経済的対立や❻＿＿＿＿＿＿にも由来

(2)日本は，伝統的に仏教・儒教・神道が共存し，近代にはキリスト教も受容

──→日本は，異なる宗教間の和解と共存のやり方を世界に発信できる

(3)科学技術が発達し，世界を合理的に認識できる現代世界においても，解決できない矛盾や葛藤が多く存在

──→❼＿＿＿＿＿の役割は大きく，❼＿＿＿＿＿を深く理解する必要がある

外国人を，自分とは異なる人たちと思ってしまうのは，なぜだろうか。

3 グローバル化の進展と生活空間

(1)グローバル化の進展……国境をこえた経済活動・人の往来が活発に

──→日本を訪れたり，居住する外国人の数も年々増加

(2)日本人は明治以来，欧米の文明を手本に❾＿＿＿＿＿や❿＿＿＿＿＿的価値観を西洋化

──→欧米人の❾＿＿＿＿＿に対して違和感をもたない

欧米以外の外国人の❾＿＿＿＿＿や❿＿＿＿＿に戸惑う

(3)⓫＿＿＿＿＿＿＿＿＿（自民族中心主義）……無意識のうちに自分の慣れ親しんだ❿＿＿＿＿や❾＿＿＿＿＿だけをよしとする

──→見慣れない外国の風習や生活態度を批判的にとらえてしまう

文化摩擦を乗りこえるには，どうしたらよいだろうか。

4 多文化共生社会をめざして

(1)⓫＿＿＿＿＿＿＿＿＿を乗りこえ，多文化共生社会を実現するには，⓬＿＿＿＿＿＿＿が必要

──→文化に優劣はなく，価値観も相対的だとする⓭＿＿＿＿主義
ヨーロッパ中心主義(⓮＿＿＿＿＿＿＿)への反省

(2)ヨーロッパの一部の国々では，アジアやアフリカからの移民を受け入れ，

多民族❶⑤　　　　　　社会が形成されつつある

　　　➡❶⑥　　　　　　共生への道

ステップ アップ

１次のア・イは，グローバル化が進む現代の社会についての説明である。その正誤の組合せとして正しいものを，下の①〜④のうちから一つ選べ。

ア　ムスリムの人々が多く訪れるようになった日本でも，ハラールと呼ばれる，イスラームの戒律を守った料理を提供することが増えつつある。

イ　グローバル化が進み，出自の異なる人々との共生が説かれる一方，特定の民族などへの差別や憎悪を表現するヘイトスピーチが問題となっている。

①　ア　正　イ　正　　②　ア　正　イ　誤　　③　ア　誤　イ　正　　④　ア　誤　イ　誤

（2021共通テスト・第2日程）

２自文化と異なる文化を持つ人々と接する際の状況や立場についての説明として最も適当なものを，次の①〜④のうちから一つ選べ。

①自国の文化の常識や自分が学校などで習った知識とかけ離れた異文化に触れた際に受ける衝撃や違和感を，カウンターカルチャーと呼ぶ。

②かつての植民地支配などの歴史の中では，少数派が多数派の文化に一方的に同調させられる文化相対主義が，統治の主な方法として採られた。

③グローバル化によって，様々な言語・宗教・慣習が一つの社会の中に数多く存在する多文化的な状況が進行している。

④外国人労働者や移民のように人々の動きが活発化した近年，多文化主義に基づいた同化主義政策による共生の必要性が徐々に高まってきている。

（2020センター試験・追試）

３多文化主義についての記述として適当でないものを，次の①〜④のうちから一つ選べ。

①多文化主義においては，一つの社会にも複数の文化が存在することを認め，マイノリティの文化を尊重することが求められる。

②それぞれの文化の差異を対話によって統合する多文化主義の立場においては，異文化を否定する同化主義に陥る危険性が常に存在している。

③多文化主義においては，多様な宗教の違いを積極的に認め，互いに尊重し合うことによって共生を実現しようとする姿勢が求められる。

④それぞれの文化の独自性を尊重する多文化主義の立場においては，社会統合を阻害しかねない多極化の危険性が常に存在している。

（2017センター試験・追試）

４自民族中心主義とは何か，50字以内で説明せよ。

51 国際平和と倫理的課題

①先進国と開発途上国との間で，自然環境に関する対立が生じたのは，なぜだろうか。

②ＳＤＧｓは，どのようにして世の中に広まったのだろうか。

③持続可能な開発が，国際社会に受け入れられたのはなぜだろうか。

1 持続可能な開発，持続可能な社会とＳＤＧs，危機意識と世代間倫理

(1)**持続可能な開発**……「持続可能な」社会・都市・地域などということばが広まる

→❶＿＿＿＿＿＿＿＿＿＿＿＿＿＿＿：「今後も私たちが維持できる」の訳語

①国連の「環境と開発に関する世界委員会」(1987年)

→「❷＿＿＿＿＿＿＿＿＿＿＿＿＿」を指導理念に採用

開発途上国(開発を主張)と先進国(環境保全を主張)の妥協点

「❸＿＿＿＿＿＿＿＿＿のニーズに応える能力を損ねることなく，現在世代のニーズを満たす」ことと説明される

(2)持続可能な社会とＳＤＧs

①❹＿＿＿＿＿＿＿＿＿＿(**ミレニアム開発目標**)……国連ミレニアムサミット(2000年)で採択。目標の一つに「環境の持続可能性の確保」を明記

②ワンガリ・マータイがノーベル平和賞を受賞(2004年)……❺＿＿＿＿＿＿＿＿＿＿＿＿ということばで植林活動による環境保全運動をよびかけた

③単なる「持続可能な❻＿＿＿＿＿＿＿＿」ではなく，その条件ともなる多くの問題を包括する「持続可能な❼＿＿＿＿＿＿＿＿」が目標に

④❽＿＿＿＿＿＿＿＿＿＿(**持続可能な開発目標**)……国連で❹＿＿＿＿＿＿＿の後継として採択(2015年)。貧困，福祉，教育などの現代的な課題のほぼすべてを含む→全加盟国が❾＿＿＿＿＿＿＿年までに達成する計画

(3)危機意識と世代間倫理

①「持続可能性」が浸透した理由

・自然環境に対する危機意識を先進国・開発途上国の相違をこえて共有

・将来世代の幸福に対する責任の自覚←❿＿＿＿＿＿＿＿＿＿＿の考え方

2 持続可能性と平和，戦争と現在，核兵器の問題，日本と平和

①持続可能な社会を実現するための条件とは，何なのだろうか。

②20世紀の戦争と21世紀の戦争には，どのようなちがいがあるのだろうか。

③核兵器廃絶が実現できない理由は，どこにあるのだろうか。

④戦後日本の出発点は，どこにあるのだろうか。

(1)持続可能性と平和

①持続可能な社会の大前提としての⓫＿＿＿＿＿＿＿＿＿＿

「持続可能な開発のための⓬＿＿＿＿＿＿＿で包摂的な社会」(❽＿＿＿＿＿＿＿の16番目の目標)……平和な世界の構築は，持続可能な社会の構築以上に困難な課題

(2)戦争と現在

①20世紀の戦争

二度の世界大戦→40年以上続いた東西冷戦→冷戦終結後の⓭＿＿＿＿や民族紛争

②21世紀の戦争

シリア，リビア，アフガニスタン，イエメンなどの⓭＿＿＿＿

難民や国内避難民の増加←──ロシアのウクライナ侵攻(2022年〜)などが背景

アメリカ同時多発テロ事件(2001年)やIS(イスラーム国)の台頭(2010年代)
──➡❶⓸　　　　　　　　　戦争という新たな戦争

(3)核兵器の問題

①⓯　　　　　　　(**核兵器拡散防止条約**, 1970年発効)……米, 露, 英, 仏, 中の5か国の核兵器保有を認め, 非締約国も存在

②⓰　　　　　　　　　　　　(2017年に国連採択, 2021年発効)
……核兵器保有国の不参加。唯一の⓱　　　　　　　である日本も不参加

(4)日本と平和……戦後, 日本は平和国家として再出発

①憲法前文で, ⓲　　　　　　　をうたっており, 以来, 日本は戦争や紛争の当事国となることなく今日に至っている

②憲法前文には「日本国民は, 国家の名誉にかけ, 全力をあげてこの崇高な⓳　　　　　　　を達成することを誓ふ」とある

ステップ アップ

❶ 世界では, 困窮した人々に対して様々な支援が行われており, またその必要性が叫ばれている。そうした状況についての記述として適当でないものを, 次の①〜④のうちから一つ選べ。

①難民は, 生命の危険にさらされやすく, 人権が保障されないことも多いため, 難民の保護と生活支援を行う国際連合の機関として, 国連難民高等弁務官事務所(UNHCR)が設置されている。

②ノーベル平和賞を受賞したマララ・ユスフザイは, 女性と子供の権利の確立, および女性の自立の実現のために, 世界中の全ての子供に対して質の高い教育が保障されるよう, 訴えている。

③国際連合による支援だけでなく, 各国からも途上国への援助などが行われており, 日本もその一環として, JICA(国際協力機構)による青年海外協力隊を派遣している。

④発展途上国の生産者や労働者が搾取されることなく, 経済的に自立した暮らしを営むことができるよう, 彼らに正当で公正な対価を払うリサイクルの促進が強く求められている。

(2020センター試験・本試)

❷ 環境破壊や貧困, 紛争などの問題は, 一つの国家だけではなく, 世界全体で取り組まなくてはならない課題である。こうした問題と, その対応についての記述として最も適当なものを, 次の①〜④のうちから一つ選べ。

①地球環境問題に対応するため, 1992年の地球サミットでは, 「持続可能な開発」という理念が共有され, 「リオ宣言」が採択された。

②テロリズムへの対応で重要なのは, エスノセントリズムを支持しつつ, テロ行為の歴史的・文化的背景を理解することである。

③非人道的兵器である地雷の廃絶を訴える国際世論の高まりを受けて, アメリカや中国を中心に, 1997年に対人地雷禁止条約が結ばれた。

④女性の地位向上を目指し, 国際人口・開発会議では, 雇用機会均等を確立するために, リプロダクティヴ・ヘルス／ライツを宣言した。

(2015センター試験・本試)

❸ 「持続可能な社会」と「世界平和」はどのようにかかわっているか, 50字以内で説明せよ。

●エピソード● ノーベル賞受賞者のうち, 女性はまだ少ない。そして, その半数が21世紀に入ってからである。ワンガリ・マータイはその一人である。

52 チェックポイント⑥

46 生命の問題と倫理的課題

①人工授精や体外受精，代理出産など子どもをもうける援助をする医療…（　　　　　）

②性と生殖についての女性の権利を尊重し，保護すべきとする考え方……（　　　　　）

③胎児の状態を調べるためのさまざまな診断の総称…………………………（　　　　　）

④人の遺伝子の総体………………………………………………………………（　　　　　）

⑤受精卵などの遺伝子を操作してつくられた，特定の性質をもつ子ども…（　　　　　）

⑥臓器移植や再生医療の考え方の根底にある17世紀以来の自然観…………（　　　　　）

⑦臓器提供の場合に限り，脳死を人の死と認めた1997年制定の法律………（　　　　　）

⑧組織や臓器に新しい細胞を補充し，機能を回復させる医療………………（　　　　　）

⑨人の体細胞からつくりだされ，さまざまな細胞に分化する能力をもつ細胞

……………………………………………………………………………………（　　　　　）

⑩医師の説明責任と患者自身の選択を重視した医療の協調的関係…………（　　　　　）

⑪生命の神聖さをさし，生命の持続そのものに絶対的な価値を認める考え方の略称

……………………………………………………………………………………（　　　　　）

⑫生命や人生（生活）に対する患者自身の価値観を重視する考え方…………（　　　　　）

⑬末期患者の苦痛を和らげるケア………………………………………………（　　　　　）

⑭末期医療（ターミナル・ケア）を提供すること，またはその施設…………（　　　　　）

⑮どのような最期をむかえたいかを文書などで生前に意思表示すること…（　　　　　）

⑯過度な延命治療を拒否して，自然な死を迎えるようにする医療措置……（　　　　　）

⑰患者の意思にもとづいて医師が患者の死期を早める医療措置……………（　　　　　）

47 地球環境の問題と倫理的課題

⑱二酸化炭素やメタンなど地球温暖化をもたらす原因となるガスの総称…（　　　　　）

⑲1992年にリオデジャネイロで開催された地球サミットの会議の名称……（　　　　　）

⑳国連気候変動枠組条約のＣＯＰ３（1997年）で採択された文書……………（　　　　　）

㉑2015年のＣＯＰ21で採択された地球温暖化対策の国際的枠組みの名称…（　　　　　）

㉒環境汚染による被害を社会的弱者に負わせる不公正を是正する考え方…（　　　　　）

㉓「環境と開発に関する世界委員会」の報告書（1987年）の中心概念…………（　　　　　）

㉔2015年に国連サミットで採択された環境問題などの持続可能な開発目標の略称

……………………………………………………………………………………（　　　　　）

㉕環境の改善と収益の確保の両立をめざす「企業の社会的責任」の略称……（　　　　　）

㉖リデュース・リユース・リサイクルの３Ｒを基本とする社会のあり方…（　　　　　）

㉗人間は自然を自由に利用できる特別な存在であるとみる考え方…………（　　　　　）

㉘一定の地域に生存する生物群と，それを取りまく自然環境とがつくりだす関係

……………………………………………………………………………………（　　　　　）

㉙人間も㉘という共同体の一員とみなす土地倫理を提唱した人物…………（　　　　　）

㉚『苦海浄土』を著し，水俣病被害者の救済に力を尽くした文学者…………（　　　　　）

㉛『沈黙の春』を著し，ＤＤＴなど農薬の危害を警告した生物学者…………（　　　　　）

㉜危害の科学的根拠の立証をまたずに予防措置をとるべきとする考え方…（　　　　　）

㉝現代世代は将来世代に責任を負う世代間倫理を説いたドイツの哲学者…（　　　　　）

48 科学技術の進展と倫理的課題

㉞世界的規模でつながりあう新たな人間関係をつくりだしたメディア……(　　　　)

㉟情報通信技術を使用する能力の違いから生まれる経済格差………………(　　　　)

㊱情報ネットワークが生む仮想空間と現実空間が融合された未来社会……(　　　　)

㊲人間の知的活動から生まれた創造物についての所有権……………………(　　　　)

㊳自分に必要な情報を選択，収集，活用する能力……………………………(　　　　)

㊴情報社会に暮らすために身につけるべき，行為の善悪を判断する規準となる価値観，あるいは具体的ルール……………………………………………………………………………(　　　　)

㊵医療格差を解消する目的などに使用される遠隔操作ロボット……………(　　　　)

㊶個人を識別し，話し相手として活用される可能性をもつロボット………(　　　　)

㊷脳と外部機器との間で情報をやりとりするシステムの略称………………(　　　　)

49 福祉の向上と倫理的課題

㊸ある国家や社会に存在する多数者に対して少数者を何というか…………(　　　　)

㊹障害者の人権や基本的自由の実現を義務づけた国連で採択された条約…(　　　　)

㊺性的マイノリティの人々を表現した性的指向，性自認についての呼称…(　　　　)

㊻社会的，文化的につくりだされた性差のこと………………………………(　　　　)

㊼多様性(ダイバーシティ)を排除せず，共生をめざす社会のありよう……(　　　　)

㊽仕事の責任をはたし，個人の時間も確保できる生活をめざす憲章………(　　　　)

㊾差別で不利益を受けている人々を優遇し，改善や機会均等を図る措置…(　　　　)

㊿多様な人々が力を合わせて目的を実現しようとする働き方………………(　　　　)

(51)人口減少や高齢化で存続の危機にある地域に求められる社会のあり方…(　　　　)

(52)「世話をする」「心配する」という社会化された家族機能を表すことば……(　　　　)

50 文化と宗教の影響と倫理的課題

(53)宗教の教義上の理由から禁じられていることで，タブーともいう………(　　　　)

(54)(53)への無理解や軽視により，個人や社会の間に生じる不和や対立………(　　　　)

(55)イスラーム法で「許されているもの」を意味することば……………………(　　　　)

(56)フランスでの政教分離の原則にもとづく非宗教性を重視する方針………(　　　　)

(57)自分の慣れ親しむ文化の優越性を主張し，他文化をさげすむ考え方……(　　　　)

(58)異なる文化との交流を深め，偏見をもたずにその特色を理解すること…(　　　　)

(59)種々の文化やその価値観は相対的で，優劣の序列はないという考え方…(　　　　)

(60)19世紀のヨーロッパ列強によって形成されたヨーロッパ中心主義………(　　　　)

51 国際平和と倫理的課題

(61)環境と開発をめぐる先進国・開発途上国の対立の妥協点とされたことば(　　　　)

(62)持続可能性が多領域で重視されるきっかけとなった2000年に国連で採択された目標
………………………………………………………………………………(　　　　)

(63)持続可能な開発に尽力し，ＭＯＴＴＡＩＮＡＩということばを広めたケニアの環境活動家
………………………………………………………………………………(　　　　)

(64)戦争や政治的・民族的迫害を逃れ，避難を余儀なくされている人々……(　　　　)

(65)難民問題に取り組んでいる国連難民高等弁務官事務所の略称……………(　　　　)

(66)2001年９月11日，ニューヨークなどで起こった大規模なテロ事件………(　　　　)

(67)1970年に発効した米露など５か国の核保有を認めた核軍縮の条約………(　　　　)

(68)2017年，全面的な核兵器廃絶を目的として国連で採択された条約………(　　　　)

53 総合問題⑥

1 以下は，高校生ＡとＢの会話である。これを読み，下の問いに答えよ。

Ａ：あのさ，もう少し後輩に優しくすれば？慕ってくれる後輩をつくっておいた方がいいよ。いざっていうときに助けてもらえるしさ。

Ｂ：ご忠告どうも。でも，そういうのは「優しい」って言わないでしょ。内申書のためにボランティアするようなものだよね。動機が利己的で不純だよ。

Ａ：でもさ，「①情けは人のためならず」とも言うでしょ。人のためにしてやることが自己の利益にもなる。それでよくない？

Ｂ：本当に人助けをしたい気持ちがあるなら，見返りなんてむしろ欲しくないと思うな。

Ａ：でも，それも自分の欲求でしょ。動機が利己的じゃない行為なんてないと思うな。

Ｂ：欲求の満足が動機ならすべて利己的ってこと？人助けしたいという純粋な善意は，利他的動機というべきだよ。

Ａ：うーん，だとしても，そんな利他的動機がなくても優しい社会はつくれるよ。例えば，②介護や医療の保険って，自分が困ったときのためにお金を出し合う仕組みだよね。利己的動機があるから助け合いも生まれるんじゃないかな。

Ｂ：じゃあ，貧困や③環境の問題は？他者のためって気持ちなしで解決できる？

Ａ：見返りなしでそういう問題に取り組む人って，なかなかいないよ。寄付やエコをアピールしている企業もあるけど，あれも自分たちのためでしょ。

Ｂ：だけど，見返りを求めていたら将来世代のための環境や資源の保護はできないよ。貧困問題の解決も，損得抜きの④人道的な活動なしには難しいよね。やっぱり，純粋な善意がないと人類の福祉もないんじゃないかな。　　　　　　　　　　　　　　　　　（2018センター試験・本試・改題）

問1　下線部①に関連して，次の文章は，社会における利害の結び付きについての説明である。文章中の　ⅰ　〜　ⅲ　に入れる記述をア〜カから選び，その組合せとして最も適当なものを，下の①〜⑧のうちから一つ選べ。 思・判・表　　　　　　　　　　　　　　　　　　　　　　　　　　　　　　　　　□

> 　人間の諸活動がグローバル化した現代では，遠い他者の利害も自己の利害と深く関係している。例えば，市場経済のグローバル化により，　ⅰ　。また，世界の飢餓や貧困などを救済することは，　ⅱ　なので，世界全体の利益になると考えられている。さらに，差別的扱いを受けてきた人々の救済が，社会全体を利することもある。例えば，性別役割分担を　ⅲ　，不平等によって不利益を被る人たちを救うだけでなく，男女共同参画社会を促進し，社会全体を活性化するだろう。

ア　先進国の経済が発展途上国の経済発展に寄与し，経済格差が縮小した

イ　一国の経済不安が，世界全体に大きく影響するようになった

ウ　新自由主義を推進し，世界経済を発展させる

エ　人類の福祉を向上させ，国際平和につながる

オ　社会的・文化的性差に依拠するものとして問い直すことは

カ　生物学的性差に依拠するものとして再評価することは

①　ⅰ－ア　　ⅱ－ウ　　ⅲ－オ　　　②　ⅰ－ア　　ⅱ－ウ　　ⅲ－カ

③　ⅰ－ア　　ⅱ－エ　　ⅲ－オ　　　④　ⅰ－ア　　ⅱ－エ　　ⅲ－カ

⑤　ⅰ－イ　　ⅱ－ウ　　ⅲ－オ　　　⑥　ⅰ－イ　　ⅱ－ウ　　ⅲ－カ

⑦　ⅰ－イ　　ⅱ－エ　　ⅲ－オ　　　⑧　ⅰ－イ　　ⅱ－エ　　ⅲ－カ（2018センター試験・本試）

問2 下線部②に関連して，現代日本の介護問題や，それに対する取組みについての説明として最も適当なものを，次の①〜④のうちから一つ選べ。 知・技

① 現代では少子化や単身世帯の増加によって家族の絆や結びつきが弱まってきたため，家族内での介護を支援し，その結び付きを再び強化する制度として，介護保険制度が導入された。

② 近年，女性の社会進出が進んでいるが，夫は仕事に専念し妻は育児や介護に専念したいという家庭も多いため，そのような家庭を支援するために，育児・介護休業法が制定された。

③ 高齢化と核家族化が進み，高齢者の単身世帯のさらなる増加が予想される現代では，社会全体で介護を担う公的制度が必要であるが，地域社会の自発的活動による介護支援も注目されている。

④ 結婚のあり方が大きく変わり出生率が低下した現代では，少子化が大きな問題であるが，高齢者の介護を充実させるという点では，育児に対する家族と社会の負担を減らす少子化は望ましいとされている。
(2018センター試験・本試)

問3 下線部③に関して，環境に関わる問題や思想についての記述として最も適当なものを，次の①〜④のうちから一つ選べ。 知・技

① 人間中心主義を見直し，自然にもそれ自体の価値を認めようという考え方から，自然の生存権が主張されるようになった。

② 20世紀半ば以降に生じた急激な地球温暖化は，フロンガスなどによるオゾン層の破壊を主たる原因としている。

③ 有限な環境で自由な利益追求を認めると全員の損害になるので，その予防のために自由を制限すべきだとする，予防原則の考え方が登場した。

④ 原子力エネルギーの利用によって発生する放射性物質は，酸性雨を引き起こす主たる原因である。
(2018センター試験・本試)

問4 下線部④に関して，次の文章は，国境なき医師団が人道主義について述べたものである。その内容の説明として最も適当なものを，下の①〜④のうちから一つ選べ。 思・判・表

> 人道主義が登場するのは，政治が失敗したとき，または危機に陥ったときです。私たちは，政治的責任を引き受けるためではなく，政治の失敗による非人間的な苦しみをまず和らげるために活動します。活動は政治の影響を受けてはなりません。人道的活動は，活動のための枠組みを必要とします。紛争の際のその枠組みとは，国際人道法です。それは犠牲者と人道支援団体の権利を確立し，それらの尊重を保証する責任と，戦争犯罪によるそれらの侵害を罰する責任を国家に負わせるのです。今日，この枠組みが正常に機能していないのは明かです。紛争の犠牲者の支援に赴くことが拒絶されるのは，よくあることです。また，人道支援が，交戦国によって戦争の道具に使われることさえあるのです。
> (国境なき医師団「ノーベル平和賞受賞講演」より)

① 政治は，人道主義が政治の失敗の責任を引き受けることができるよう，人道主義の存在とその活動を保証する責任をもつ。

② 人道主義の活動は，国際人道法のような政治的・法的前提を必要とせずに成立し得るものなので，政治の影響を受けずに行うことができる。

③ 政治は，自らの目的に合わせて人道主義を利用すべきでなく，法的枠組みによって人道主義の活動の独立性を保証しなければならない。

④ 人道主義の活動は，国際人道法の制限を受けるので，紛争の犠牲者へのアクセスを禁じられたり，交戦国に利用されたりしても，やむを得ない。
(2018センター試験・本試)

② 以下は，プロ野球選手の契約更改後のニュースを一緒に見ている友人AとBの会話である。これを
　読み，下の問いに答えよ。

A：わあ，推定年俸6億円だって！この選手，親も有名な元プロ野球選手だし，やっぱり①遺伝的素
　　質や家庭環境に恵まれている方が，人生は有利だよね。

B：君も言うように，家庭環境に恵まれている方が人生は有利だよね。その裏で，同じ素質があっても
　　家が貧しいために成功できない人がいるのは不公平だよ。

A：でも，裕福な親が自分のお金で子どもの素質を伸ばしてやるのは，何も悪いことじゃないでしょ
　　う？女性差別のように，いわれなく誰かを不利に扱うのは明らかに悪いことだし，そうした不公平
　　は国が是正すべきだけど。

B：国が支援しなければ不運な人は救われないでしょう？

A：いや，不運な人の救済は，お金持ちが自分のお金で慈善団体をつくって自主的にやるべきだよ。今
　　は，②ボランティア活動も盛んだし，うまくいくよ。

B：本当にそれが望ましい社会だと思うの？国の制度で平等な機会が保障される社会の方が，より公平
　　で連帯感の強い社会になると思うんだけどな。　　　　　　　　　（2016センター試験・本試・改題）

問1　下線部①に関して，遺伝子の応用技術をめぐる問題についての記述として適当でないものを，次
　　の①〜④のうちから一つ選べ。　知・技　　　　　　　　　　　　　□

　①遺伝子組み換え技術は，植物などの遺伝子を操作することにより，除草剤や害虫に強い作物を作り
　　出すという利点がある反面，生態系のバランスを崩す危険性がある。

　②着床前診断は，受精卵の遺伝子を調べることにより，子どもの重篤な遺伝疾患の有無や発症の確率
　　を事前に予測できるという利点がある反面，優性思想につながる危険性がある。

　③遺伝子は，命の設計図とも言われるように，個人のパーソナリティを決定する。クローン人間の作
　　成は，ある個人と完全に同じ性格の個人をもう一人作り出すことで，かけがえのない個人の尊厳を
　　損なう危険性がある。

　④遺伝情報は，究極のプライバシーとも言われるように，慎重な取り扱いを必要とする。遺伝子診断
　　は，個人の将来の病気のかかりやすさが予測されることで，就職や保険加入や結婚の場面での差別
　　を生み出す危険性がある。　　　　　　　　　　　　　　　　　　（2016センター試験・本試）

問2　下線部②に関して，ボランティア活動についての記述として最も適当なものを，次の①〜④のう
　　ちから一つ選べ。　知・技　　　　　　　　　　　　　　　　　　□

　①地域社会でのボランティア活動が高まった結果として，近年では，高齢者介護や子育て支援のため
　　の公的な福祉制度・サービスを充実する必要性は，徐々に減少しつつある。

　②東日本大震災の発生直後，大勢の人々が被災地へ駆けつけ，被災者への支援を提供した結果，東日
　　本大震災が発生した2011年は，ボランティア元年と呼ばれつつある。

　③インドで孤児や病人への救済活動に生涯を捧げたレイチェル・カーソンの実践は，キリスト教に基
　　づく人間愛や社会的弱者への共感を背景とし，ボランティアの精神と通じるところがある。

　④ボランティアは，意志や好意などを意味するラテン語を語源としており，自発性（自主性），社会性
　　（福祉性），および，対価として報酬を求めないことが，顕著な特徴として指摘されている。

　　　　　　　　　　　　　　　　　　　　　　　　　　　　　　　　（2018センター試験・本試）

120　　知識・技能　／2